황동규 시전집

몰운대行~외계인

II

문학과지성사
1998

황동규 시전집 2

초판 1쇄 발행 1998년 4월 9일
초판 6쇄 발행 2023년 5월 25일

지은이 황동규
펴낸이 이광호
펴낸곳 ㈜문학과지성사
등록번호 제1993-000098호
주소 04034 서울 마포구 잔다리로7길 18(서교동 377-20)
전화 02)338-7224
팩스 02)323-4180(편집) 02)338-7221(영업)
전자우편 moonji@moonji.com
홈페이지 www.moonji.com

ⓒ 황동규, 1998. Printed in Seoul, Korea

ISBN 89-320-1000-5
ISBN 89-320-0998-8(전2권)

이 책의 판권은 지은이와 ㈜문학과지성사에 있습니다.
양측의 서면 동의 없는 무단 전재 및 복제를 금합니다.

황동규 시전집

몰운대行~외계인

II

차 례

몰운대행(1991)
봄 밤 / 17
몰운대행(沒雲臺行) / 18
시인은 어렵게 살아야 1 / 23
시인은 어렵게 살아야 2 / 24
시인은 어렵게 살아야 3 / 25
오미자술 / 27
성큼성큼 나는 걷는다 / 28
뛰었다, 조그만 황홀 / 29
열(熱) 받고 살다 / 30
동작대교에서 / 31
엄나무 / 32
봄밤에 쓰다 / 33
편한 덩굴 / 34
병 꽃 / 35
K에게 / 36
너 죽은 날 태연히 / 39
양평에서 / 40
쇤베르크의 「바르샤바에서 온 생존자」를 들으며 / 41
고려장 / 42
관악 일기 1 / 43
관악 일기 2 / 45
관악 일기 3 / 46

관악 일기 4 / 47
이 사 / 49
매화꽃 1 / 53
매화꽃 2 / 54
오늘 입은 마음의 상처 / 55
군번을 잊어버리고 / 56
평창서 자며 / 57
지상(地上)의 양식 / 58
사라지는 동물들 / 59
앞으로 인류가 살아남으려면 / 60
가오리 / 61
앵 무 / 62
대나무도 벼과(科)지 / 63
두 통 / 64
삶의 이미지 / 66
소리의 혼 / 67
토말행(土末行) / 69
비린 사랑 노래 1 / 70
비린 사랑 노래 2 / 71
비린 사랑 노래 3 / 72
비린 사랑 노래 4 / 73
비린 사랑 노래 5 / 74
비린 사랑 노래 6 / 75
사랑 노래 / 76
겨울에서 봄으로 / 77
다산초당(茶山草堂) / 81
브롱스 가는 길 / 90
뉴욕 일기 1 / 98
뉴욕 일기 2 / 100

뉴욕 일기 3 / 101
뉴욕 일기 4 / 102
견딜 수 없이 가벼운 존재들 / 103

미시령 큰바람(1993)
꿈 꽃 / 115
오어사(吾魚寺)에 가서 원효를 만나다 / 116
날강도, 야밤에 찦을 몰고 / 120
허난설헌 생가 / 121
최후의 시 / 122
김현 묻던 날 / 123
친구의 무덤에서 / 124
김현의 본명은? / 125
가을엔 / 126
늦가을 빗소리 / 127
초겨울밤 / 128
꽝꽝 언 길 달리고 싶어 / 129
지방도에서 / 130
미시령 큰바람 / 131
오색(五色) 문답 / 135
이백(李白) 주제에 의한 일곱 개의 변주곡 / 136
죽음 즐긴 라이프니츠 / 140
삼봉 약수 / 141
매 미 / 143
귀뚜라미 / 144
바위옷 바람 / 146
도가니가 마르기 시작할 때 / 147
밤새워 글쓰기 / 148
떠돌이별 / 152

지구 껍질에서 / 153
마왕(魔王) / 154
내 젊은 날에 대한 회상기를 읽고 / 157
내 시벗 오규원은 / 159
한발 앞서간 황인철을 위한 짧은 세속(世俗) 미사 / 160
미소 알맞게 짓고 있는 해골 / 162
SOS / 163
시멘트 나라의 꽃 / 165
지난밤 꿈에 / 166
아파트 나라의 민들레 / 167
몰운대는 왜 정선에 있었는가? / 168
더 비린 사랑 노래 1 / 172
더 비린 사랑 노래 2 / 173
더 비린 사랑 노래 3 / 174
더 비린 사랑 노래 4 / 175
더 비린 사랑 노래 5 / 176
더 비린 사랑 노래 6 / 177
더욱더 비린 사랑 노래 1 / 178
더욱더 비린 사랑 노래 2 / 179
더욱더 비린 사랑 노래 3 / 180
더욱더 비린 사랑 노래 4 / 181
더욱더 비린 사랑 노래 5 / 182
더욱더 비린 사랑 노래 6 / 183

풍장(1995)
제1부(1982~1986)
풍장 1 / 189
풍장 2 / 191
풍장 3 / 192

풍장 4 / 194
풍장 5 / 195
풍장 6 / 197
풍장 7 / 199
풍장 8 / 200
풍장 9 / 202
풍장 10 / 203
풍장 11 / 204
풍장 12 / 205
풍장 13 / 207
풍장 14 / 208
풍장 15 / 209
풍장 16 / 210

제 2부(1987~1991)
풍장 17 / 213
풍장 18 / 214
풍장 19 / 215
풍장 20 / 216
풍장 21 / 217
풍장 22 / 218
풍장 23 / 219
풍장 24 / 220
풍장 25 / 221
풍장 26 / 222
풍장 27 / 223
풍장 28 / 224
풍장 29 / 225
풍장 30 / 226

풍장 31 / 227
풍장 32 / 228
풍장 33 / 229
풍장 34 / 230

제3부(1992~1993)
풍장 35 / 233
풍장 36 / 234
풍장 37 / 235
풍장 38 / 236
풍장 39 / 237
풍장 40 / 238
풍장 41 / 239
풍장 42 / 240
풍장 43 / 241
풍장 44 / 242
풍장 45 / 243
풍장 46 / 244
풍장 47 / 245
풍장 48 / 246
풍장 49 / 247
풍장 50 / 248
풍장 51 / 249
풍장 52 / 250

제4부(1994~1995)
풍장 53 / 253
풍장 54 / 255
풍장 55 / 256

풍장 56 / 257
풍장 57 / 258
풍장 58 / 259
풍장 59 / 260
풍장 60 / 262
풍장 61 / 263
풍장 62 / 264
풍장 63 / 265
풍장 64 / 266
풍장 65 / 267
풍장 66 / 268
풍장 67 / 269
풍장 68 / 270
풍장 69 / 271
풍장 70 / 272

외계인(1997)
제비꽃 / 275
외계인 1 / 276
외계인 2 / 279
산벚꽃 나타날 때 / 283
꽃 들 / 284
하쿠타케 혜성 / 287
내린천을 찾아서 / 288
꿈 1 / 290
꿈 2 / 291
꿈 3 / 292
꿈의 꿈 / 293
어도(漁島) / 294

시골 우체국 / 295
이 무더위 속에 / 296
1996년 8월 13일 밤 태풍 커크 방향 틀다 / 297
걷다가 사라지고 싶은 곳 / 299
영하의 베란다에 양란 피다 / 304
독일 시편 / 305
세잔의 정물화 / 311
봄바다에서 / 312
어느 훗날의 시 1 / 313
어느 훗날의 시 2 / 314
어느 훗날의 시 3 / 315
어느 훗날의 시 4 / 316
어느 훗날의 시 5 / 317
무서운 우연 / 318
뉴질랜드에서 돌고래들이 / 319
피렌체 시편 1 / 320
피렌체 시편 2 / 322
피렌체 시편 3 / 324
피렌체 시편 4 / 326
방파제 끝 / 328
가을 어느 날, 바보처럼 1 / 329
가을 어느 날, 바보처럼 2 / 330
가을 어느 날, 바보처럼 3 / 331
제부도(濟扶島)에서 / 332
고려 수월관음 / 333
그대를 어찌? / 335
폭탄주 잔이 작아질 때 / 336
취안(醉顔)과 취안을 / 337
합천에서 / 338

잡 풀 / 339
딴 방향으로 날다가 / 340
천 국 / 341
지워진 마을을 지나며 / 342
빗금으로 내리지르는 보이지 않는 세월의 빗줄기 / 343
뺨에 금 채찍! / 344
동짓날 춘란 피다 / 346
어디선가 미리 본 것 같다 / 347
눈 내리는 오천성 / 348
봄 현등사 / 350
전신 마취 / 351
재입원 / 354

제목 색인 / 355
첫행 색인 / 363

몰운대행
(1991)

봄 밤

혼자 몰래 마신 고량주 냄새를 조금 몰아내려
거실 창을 여니 바로 봄밤.
하늘에 달무리 선연하고
비가 내리지 않았는데도
비릿한 비 냄새.
겨울 난 화초들이 심호흡하며
냄새 맡기 분주하다.
형광등 불빛이 슬쩍 어두워진다.
화초들 모두 식물 그만두고
훌쩍 동물로 뛰어들려는 찰나!

몰운대행(沒雲臺行)

1

사람 피해 사람 속에서 혼자 서울에 남아
호프에 나가 젊은이들 속에 박혀 생맥주나 축내고
더위에 녹아내리는 추억들 위로
간신히 차양을 치다 말고
문득 생각한 것이 바로 무반주(無伴奏) 떠돌이.
폐광지대까지 설마 관광객이?
지도에서 사라지는 길들의 고요.
지도를 펴놓고 붉은 볼펜으로 동그라미 하나를 치고
방학에도 계속 나가던 연구실 문에 자물쇠 채우고
다음날 새벽 해뜨기 전 길을 나선다.

2

영월 청령포를 조심히 피해 31번 국도를 탄다.
상동 칠랑에서 국도를 버리고
비포장 지방도로로 올라선다.
중석 걸러낸 크롬 옐로 물이
길 옆 시내 가득 흘러오고
저단 기어를 넣은 '프레스토'가

프레스토로 떤다.
차 고장 없기만을 길의 신(神)에 빌며
망초꽃이 모여선 길섶을 지나
아다지오로
덤프트럭 자국 깊이 파인 언덕을 오른다.
길의 신이 급커브를 약간 풀어놓으며
아슬아슬한 낭떠러지를 보여준다.
크롬 옐로가 꿈결처럼 몸을 바꿔
흑인 영가로 흐르기 시작한다.
흑인 영가의 어두운 음을 끼고
에어컨 끄고도 헐떡이는 차를 천천히 몰아
온갖 생물학이 모여 썩고 있는 쓰레기 낟가리를 돈다.
아! 폐광 하나가 검은 입을 벌리고 비탈에 박혀 있다.
입술 위로 너와지붕이 튀어나오고
그 위엔 다듬지 않은 풀들이
수염처럼 자라고 있다.
빠지고 남은 이빨처럼 녹슨 쇠기둥 두 개가 박혀 있고
녹슨 밀차 한 대가 굴 밖으로 나오려다 말고
뒤틀린 선로 위에 심드렁하게 서 있다.
들이밀면 머리부터 씹힐 것 같아
목을 움츠리고 슬쩍 몸을 들이민다.

귀가 먹먹
아 사람 사라진 사람 냄새!
천장에서 물 한 방울이
정확히 머리 위에 떨어진다.

3

고개가 가파르다.
자장율사가 진신사리 봉안했다는 정암사 가는 길
그도 헐떡이며 넘었으리라.
앵앵대는 소형차를 길가에 그냥 내버리고 싶다.
가만, 자장이며 의상(義湘) 같은 쟁쟁한 거물들이
경주, 황룡사, 부석사를 버리고
왜 강원도 산속을 방황했을까?

왜 자장은 강원도 산골에서 세상을 떴을까?
입적지(入寂地) 미상의 의상도
강원도 산골의 행려병자가 아니었을까,
이곳 어디쯤에서?
가파른 언덕을 왈칵 오르자
해발 1280m의 만항재.

태백시 영월군 정선군이 서로 머리 맞댄 곳.
자글자글대는 엔진을 끄고 차를 내려 내려다보면
소나무와 전나무의 물결
가문비나무의 물결
사이사이로 비포장도로의 순살결.
저 날것,
도는 군침!
황룡사 9층탑과 63빌딩이
골짜기 저 밑에 처박혀 보이지 않는다.
바람 없이도 마음이 온통 시원하다.
잠시 목숨 잊고 험한 길 한번 마음놓고 차를 채찍질해
정암사를 순식간에 지나서
정선 쪽으로 차를 몬다.

4

화암약수터 호텔 여주인은 웃으며 말했다.
"제철인 데다 버섯 재배농가 회의로
정선군 모든 방이 다 찼지요.
몰운대 저녁노을이나 보시고
밤도와 영월이나 평창으로 나가시죠."

표고버섯죽 한 그릇 비우고
길을 나선다.
신선하고 기이한 뼁대
저녁빛을 받아 얼굴들이 환했다.
그 위에 환한 구름이 펼쳐진 길
그 끝을 향해.

5

몰운대는 꽃가루 하나가 강물 위에 떨어지는 소리가 엿보이는 그런 고요한 절벽이었습니다. 그 끝에서 저녁이 깊어가는 것도 잊고 앉아 있었습니다.

새가 하나 날다가 고개 돌려 수상타는 듯이 나를 쳐다보았습니다. 모기들이 이따금씩 쿡쿡 침을 놓았습니다.

(날것이니 침을 놓지!)

온몸이 젖어 앉아 있었습니다.

도무지 혼자 있는 것 같지 않았습니다.

시인은 어렵게 살아야 1

이성복 시인이 물었다.
"시인은 끈질기게 어렵게 살아야 시인이 아닐까요?
보들레르, 랭보, 두보(杜甫)를 보세요."
어려운 삶!
일찍이 호머는 눈이 멀어
지중해를 온통 붉은 포도주로 채웠고,
굴원(屈原)은 노이로제에 시달리며
양자강을 온통 흑백으로 칠했다.
저 어려운 색깔들!

"시인은 끈질기게 어렵게 살아야······"
말 잠시 끊고 창밖 풍경을 바라본다.
시야 한번 닫았다 여는 눈보라,
그 열림 속으로 새 하나가 맨발로 날아간다.

시인은 어렵게 살아야 2

이백(李白)은 꿈속에 고향땅 밟다가
채석강가에 신발 벗어놓고
달빛 되어 물 속으로 사라지고
백여 년 뒤 최치원(崔致遠)은 세상 온갖 구석 떠돌다
가야산 홍류동, 타오르는 단풍 속으로 증발했다.
바위 위에 신발 한 켤레.

호머도 굴원도 떠돌이 시인,
신발 성한 날 어디 있었으랴?
그들이 귀찮은 신발 벗어놓은 곳,
삶의 맨발에 뛰는
환한 실핏줄!

시인은 어렵게 살아야 3

—五色에서 李烔樂형에게

지구가 손 내밀어 소매 넌짓 당길 때
어느 봄 저녁 설악산 오색쯤에서
민박하다 뜨고 싶다.
경주 남산 한 모퉁이
김시습 숨어 살던 골짜기도 좋지만,
봄꽃 어둡고 민박도 없어.

물 찬 개울 건너 등성이에는
밤새 살 씻긴 참나무 싸리나무 사이로
산벚꽃 꿈꾸듯 피어 있고
그 앞엔 복사꽃 신새벽빛
발밑에는 길섶 레이스(lace) 하얀 조팝꽃.

민박집 입구에서
방금 친구 차에 밟힌 벌레가 신선하게 꿈틀댄다.
꿈틀대는 것이 별나게 환한 이 저녁
민박집 마당에는
저세상 꽃처럼 핀 선홍색 개복사나무.
섬돌 위엔
보이지 않는 신발 한 켤레.

산벚꽃성(城) 너머론
신발 신고 뜬 구름 한 조각.

오미자술

오미자 한줌에 보해소주 30도를 빈 델몬트 병에 붓고
익기를 기다린다
아, 차츰차츰 더 바알간 색,
예쁘다.
막소주 분자(分子)가
설악산 오미자 기개에 눌려
하나씩 분자 구조 바꾸는 광경.
매일 색깔 보며 더 익기를 기다린다.
내가 술 분자 하나가 되어
그냥 남을까말까 주저하다가
부서지기로 마음먹는다.
가볍게 떫고 맑은 맛!

욕을 해야 할 친구 만나려다
전화 걸기 전에
내가 갑자기 환해진다.

성큼성큼 나는 걷는다

남몰래 홀로 쓰레기 줍는 사람
남몰래 길섶에 꽃 심는 사람
스칠 때,
경상도 사람이 경상도 때리고
전라도 사람 전라도 비틀 때,
한 판사가 목영자 피고를 감싸며
죄 없는 자 먼저 돌로 쳐라, 하자
그를 향해 돌이 날갯짓하며 날아들 때……
직장 이웃 이상옥 선생이
중국에서 필름에 담아온 항주 영은사 미륵불,
왼손으론 염주 가볍게 잡고
오른팔은 바위에 올려논 채 비스듬히 누워
엄지손가락 하나 떨어져나간 것도 잊어버리고
배꼽 훤히 내놓고 기차게 웃는 미래불(未來佛),
그의 과거가 언뜻언뜻 하늘에 비친다.

성큼성큼 나는 걷는다.

뛰었다, 조그만 황홀

방금 올챙이 벗고 땅에 기어오른 개구리가
초점 맞추듯
네 다리 움츠렸다.
(심상치 않은 그의 거동)
뛰었다, 새 공간 확 달려들어
숨 일순 정지,
황홀!

처음으로 세상에 기어나와 앞을 향해 펄쩍 뛸 때
낙하 장소가 웅덩이든 바위든 뱀 입이든
내리기 직전 공중의
숨 일순 정지,
이 긴장,
지구 거죽 한 점(點)의 황홀!

열(熱)받고 살다

내 시대의 건축가 김수근은
성당 건물도 감옥처럼 지었고
친구 시인 마종기는 미국서 살며
이 나라 땅바닥에 발을 붙이려
뻔질나게 달려오곤 했다.
무료 강연!
(미국서 자본 의사집 가운데 제일 작은 집에서 살며.)

내 시대 사람들은 어디 살건
열받고 살았다.
김수근이 지은 감옥 문예회관 문에서
들어갈까말까 망설이다 들어가는
이 기쁨!

동작대교에서

시인 김광규가 준 포인세티아를
뒷좌석 바닥에 태우고
밤운전을 한다.
술이 깨고 출발했지만 차를 멈출 때마다
줄기 하나가 어깨를 친다.
(진짜 깼니?)
꽃이 잎 같고 잎이 잎 같은
비릿한 녀석.
허나 얼른 가 강의 준비할 계획을 늦춘다.
아 나는 이렇게 잔잔히 늙고 있구나.
동작대교,
엑셀러레이터 마냥 밟고
급정거!
줄기가 이번엔 어깨를 헛친다.

엄나무

누워 있는 엄나무
시인 김광규 집 거실에서
커피 마시다 만난
소파 옆에 길게 누워 있던 엄나무.
온몸에 빈틈없이 가시 붙인 채
누워 있던 엄나무.
그 모양 하도 편안해
입이 보인다면 커피 한 모금
먹여주고 싶었다.
괴물 같기도 하고
누워 있는 부처 같기도 한
돌아누운 부처 같기도 한.

오늘밤처럼 시도 잘 안 되고
글도 안 읽힐 때
생각난다,
가시관 온몸으로 쓰고 있던 그 나무.
그러나 몸의 힘 알맞게 빼고
눈감고 입다물고 편안히 누워 있던 그 나무.

봄밤에 쓰다

나는 왜 그 유명했던 김종삼을 만나기 전
그에 대한 긴 해설을 썼고
한번도 못 만난 박정만이 죽은 후에
그의 선시집(選詩集)을 엮고 있는가,
이 좋은 봄밤에 안간힘 쓰며?
그들의 시가 좋았기 때문인가,
나보다 착한 자들이었기 때문인가,
38평짜리 내 아파트 대신
0평짜리 삶을 그들이 살았기 때문인가?
혹시 우리 셋 모두 술꾼이기 때문은?
펜을 멈출 때마다
찬 소주를 마신다. 1/10병이 될 때까지.
물끄러미 남은 술을 들여다본다.
내 언제 술의 양 재는 소심증을 버리고
안 마셔도 허허롭고 마셔도 허허로운,
답답하면 숨쉬고 편해도 숨쉬는,
그런 못된 자가 될 수 있을 것인가?

편한 덩굴

개모밀덩굴
남해 바다에서 만난
개모밀덩굴
기다가 뿌리내리고, 기다가 뿌리내리고
또 기고,
분홍꽃 필 때는 잎도 분홍으로 물들고.

분에 심으면
분보다 더 낮은 곳으로 내려와
마루 위로 기면서
뿌리를 못 내려도
베개에 편히 머리를 얹듯이 꽃을 들어올리는
개모밀덩굴.

병 꽃

아, 저 병꽃!
봄이 무르익을 제
그 무슨 꽃보다도 더 자연스럽게
자주색으로도 피고
흰색으로도 피는,
모여서도 살고
쓸쓸히도 사는,
허허로운 꽃.

계획했던 일 무너지고 우울한 날
학교 뒷산을 약속 없는 인사동처럼 방황하다가
그냥 만나 서로 어깨힘 빼고
마주볼 수 있는 꽃.

만나고도 안 만난 것 같고
안 만나도 만난 것같이
허허롭게.

K에게

1

네가 병원에 가고부터
술맛이 떨어졌다.
입술과 혀의 세포들이 모두 고개를 돌렸다.
그것도 모르고 우리 자주 가던 '고선'에 가서
폭음을 했다.
추운 날이었다. 눈발이 날리다 말고
택시들은 서지 않았다.

2

결국 네가 한 것은 무엇인가?
우리가 한 것은 무엇인가?
시대의 얼어붙은 문에 열쇠 끼워넣기
(여는 자는 따로 있으리.)
오늘처럼 찬바람이 불고 귀가 얼얼할 때
입김 조금 불어넣기.
꽉찬 것만을 믿는 자들에게
냉동 동태 상자를 열어주기.

3

클래식판 귀할 때 녹음한 테이프를 다시 틀어볼 때
몸에 전율이 일 때도 많다.
저 바보 같은 노동!
마지막 두 소절을 빠뜨릴 수밖에 없었던
크로이체르 소나타
그리고 춘향가의 한 대목……
눈발 날리는 창밖에서
누군가 손짓한다
미완이 아름답다고.
그러나 눈은 그냥 내린다.

4

아니다,
우리는 완성할 수 있다.
금방 쓰러질 것 같지만 89년 큰물에도 살아남은
소쇄원 시냇물 속에 차곡차곡 쌓은 돌기둥.
오히려 옆의 담이 무너지지 않았던가?
사람들은 신비의 공법(工法)이라고 부르겠지만

소쇄원*의 원주인(原主人) 양산보의 혼이
앙상하게 버티고 있는 것은 아닐까,
내장이 온통 삭아내리는 것도 모르고?

  * 소쇄원(瀟灑園)은 조선 중종 때 조광조 문하생이었던 양산보(梁山甫)가 조광조가 사약받자 낙향하여 지은 전통 양식의 대표적인 정원으로 전남 담양군에 있다. 1989년 대홍수 직후 K와 함께 그곳에 갔었다.

너 죽은 날 태연히

―같이 술 마시던 시절의 김현에게

너 죽은 날 밤
차 간신 몰고 집에 돌아와
술 퍼마시고 쓰러져 잤다.
아들의 방.
아들이 밤중에 깨어보니
내가 화장실에서처럼
소변보고 있었다.
태연히.
그리곤 방을 나가
화장실에 누웠다,
태연히.

양평에서

―삼우젯날 김현에게

네 어제 하루 잠자다 잠시잠시 깨어 내려다볼 때
눈앞을 강물처럼 휘어져 흐르는
저 양평읍 우회도로 마음에 들디?
그 강물 아무도 안 볼 때
혼자 일어나 춤추지 않디?
진흙물길은 역시 발을 괴롭혔지만
아카시아 하나 없이 토종 나무 늘어선
산소 길은 마음에 들었다.
토종닭처럼 뒤뚱뒤뚱 걸었다.
산소 입구 돼지우리 냄새가 좀 역했지만
미래의 내 집 입구 냄새 미리 맡으며 너한테 갔다.
이 세상에서 우리 나눈 마지막 추억은
돼지들 힘차게 꿀꿀댄 축사일까?
심장 꺼진 후 손톱 머리칼 더 자란다는 몸의 형체마저
네 드디어 포기할 때쯤
휴게소 새로 들어설 양평읍 우회도롤까?
혹은 장마 틈 사이사이 깜빡 켜지곤 하던 옥색 하늘일까?

쇤베르크의 「바르샤바에서 온 생존자」를 들으며

죽음 앞에서 파괴되지 않는 것은 아름답다.
전쟁 영화에서도
무너지지 않고 죽는 인간들은 아름답다.
무너질 듯 무너질 듯 범람하지 않고 흐르는
견고한 그대 12음 기법,
그 속을 걸어서 걸어서 발광체(發光體)가 되는
저 긴 인간 꾸러미.

고려장

어젯밤 꿈결에 나는 고려장당했다.
엉성한 소나무숲 언덕길을
아들은 침통하게 리어카를 끌고
딸애는 뒤에서 밀고 처는 울며
내려가고 있었다.
흐린 하늘 속으로
새로 생긴 교회 십자가 하나 높이 떠 있었다.
바보같이 나는 죽다 말고
마침 스치는 시골 초등학교 운동장,
축구하는 아이들과 한번 뛰고 싶어
잠시 내려달라 했지만,
어수선한 탱자 울타리,
내 귀에도 들리지 않았다.
아 위험!
자주색 혈관 내비친 하얀 남산제비꽃 몇 송이가
리어카 바퀴를 살짝 피했다.
땅 언저리가 온통 빛났다.

관악 일기 1

첫눈 맞으러 잠시 방 비운 나를 위해
나는 작설차 물을 끓인다.
하늘이 부드러워지며
내리는 가벼운 눈송이들.
잠시 공중에 날아올라 흩날리는
남해안의 하얀 차꽃잎들.
한참 보고 있노라면
희끗희끗 눈 맞는 비자나무숲까지 어른거린다.

강의실이 텅 비었다.
오후 세시
출석부를 보니, 어, 두시짜리 강의.

연구실 문을 열고
스위치에 손을 대다 멈칫한다.
반 어둠 속 소파 위에
낯익은 중년 사내 하나가 앉아 있다.

"놀라지 말게,
나는 바로 자넬세.
며칠 전 새로 맞춘 이 안경

그제 저녁 술집에서 떨어뜨려 낸 이 홈을 보게.
주민등록증, 공무원증, 비씨카드, 운전면허증이 든 지갑과
바뀐 전화번호까지 잔뜩 적혀 있는 수첩
여기 있네.
네시 강의는 내가 맡을 테니
잠시 편히 쉬게."

스위치를 켠다
아무도 없다.

나는 누구냐?

관악 일기 2

──李相沃 선생에게

학생들이 붉은 띠 이마에 두르고
꽹과리 치며 구호를 외친다.
복도 저편에서 누가 문을 쾅하고 닫는다.
꽹과리 소리가 책 면을 온통 붉은빛으로 물들인다.

사람을 가르친다는 건
별빛을 보며 새벽빛을 노래하는 것
하늘에서 별들이 칠색(七色)으로 빛나더라도
별빛은 별빛, 새벽빛은 새벽빛.

고막 안에 들어와 치는 북소리
가만있자
사람을 가르친다는 건
온몸의 말들을 총칼로 줄 세워 뇌세포에 싣는 일?
짐칸이 가득 차면
문을 닫고 빗장을 건다?
선로 저편에 터오는 먼동.

다시 꽹과리가 달려든다
소심한 지옥, 책나라로 이사하려다 못 하고
그럼 천국으로, 저 유황불 찬란한 술집으로,
도주하려다 되돌아서서……

관악 일기 3

연구실에서도 아파트에서처럼
화분 몇 살려볼까?
향내 짙다 못해 흘러내리는 유도화
의젓한 고아 같은 느티
앙증스런 단풍
혹은 플라스틱처럼 잘 사는 문주란
창을 열 때면 분 속의 단풍과 느티는
창밖의 어른 단풍 어른 느티와 인사를 하겠군.

창밖의 캐나다단풍 잎이 피기 시작했구나.
겨우내 비어 있던 느티나무 까치집에
오늘 한 쌍이 새로 전세 들었다.
한편에선 학생들이 구호 외치며 행진하고
다른 한편에선 학생들이 배구공차기를 한다.
아랑곳않고 까치는 집을 수리한다.
나뭇가지 하나가 실수로 떨어지자
공 떨어지는 바로 옆에서
재빨리 주워 물고 올라간다.

한봄에 베란다 나들이도 못 할 것들을
방 속에 가두어 길러야 할 것인가?

관악 일기 4

지난 겨울 이상난동의 몸살인가
개나리 진달래 벚꽃 목련 그리고 라일락이
모두 함께 피었다.
삼국사기(三國史記) 본기(本紀)에 오를 쾌거!

목련, 개나리, 진달래, 벚꽃
차례로 피던 것이
모두 손에 손잡고 함께 핀 이 현재
아 제비꽃도 어린 손을 내밀고 있구나.
그 현재에 간신히 끼여들어
언덕에 숨어 있는 매화꽃을 찾아낸다.
백화제방(百花齊放)!

깜짝 놀라 서둘러 책을 챙겨
강의실로 내려간다.
텅 비었다.
출석부를 보니 내일 이 시간 강의.

책을 덮는다.
언제부터인가 블라인드 틈으로 날아 들어온 벌이
도로 나가지 못하고 잉잉거리고 있다.

(제가 들어온 틈을 못 찾다니!)

주위를 둘러본다.
내가 나갈 틈도 보이지 않는다
블라인드를 열어
꿀벌을 내보낸다.

아 여기 내가 태어난 틈서리가!

이 사

1

이삿짐센터의 62세 노인,
술 없이는 힘 못 쓰는
그러나 아직 얼굴 고운,
(내 그 나이에 그만큼 깨끗할까?)
피아노 밑에 혼자 들어가
힘을 쓴다.
아 힘이 보인다,
힘이 일어선다,
환해지는 그의 근육!
날 흐려 켜논 거실 등불들이 일순 광도를 줄인다.
떨리며 춤추는 피아노의 무게.

어느새 곤돌라에 실려 있는 피아노.

2

같은 아파트 같은 동에 같은 무렵 이사 오신
아버님은 자리 채 잡으시기 전 낙상하시고
며칠 누워 계신 아버님은

유언으로 나에게
당신의 교회에 나가라고 하셨다.
(저 방언 칸타타, 할렐루야!)
"저는 무종교인입니다.
앞으로 혹 예수 믿더라도
무교회인일 겁니다."
어머님이 우셨다.
동생들 앞에서
나는 피아노 밑에 들어가 있었다.

피아노가 꿈쩍 않아!

3

이사하고 오랜만에 나들이를 한다.
지난해 큰눈에
강릉 북쪽의 모습이 바뀌어 있었다.
눈 무게 못 이긴 길가의 많은 나무들
화목(火木)으로 모여 쌓여 있었다.
지난 가을 솎아내어
공간 균형 잃고 채 찾지 못했던 친구의 솔밭은

전멸!

무연히 공터에 서 있는 친구 곁에서
혹시 나에겐 새로 솎아낸 자리 없나
마음속을 이리저리 살펴보았다.

4

자꾸 잊어버린다.
성경과 불경, 그리고 정감록까지 뒤섞여서
행복이 불행보다 더 날나리로 들린다.

오는 길에 잠시 오대산에 들른다.

하늘 향해 일제히 꽃잎 치켜드는
진보랏빛 얼레지꽃들이 때 일러 꽃잎 펴지 않아
꽃 안의 예쁜 무늬 보지 못하고
이파리 무늬만 본다.
적멸보궁 앞 왕철쭉 두 그루는
아직 겨울 나무.
그러나 뭔가 다르다.

아, 부러진 나무들이 없구나.
내놓고 편안한 저 물소리.
내리기 시작하는 간질이는 이슬비를
준비해간 우산 펴지 않고 맞으며
조용히 하산한다.

매화꽃 1

모래내 살 때 손등 데며 밤중에 간 연탄이
실은 금강석의 전신(前身)임을
안 게 언제지?
여관 뜰에 막 핀 매화꽃
모든 꽃의 마지막 냄새 같다.
냄새의 금강석?

옆방에서 고스톱 치는 소리
무릅쓰고 잠 청하다 잠 청하다
이루지 못하고 몸 뒤척일 때
밤 트럭 나가는 소리.

마당으로 난 창을 열면
달빛 속에 귀기(鬼氣)의 매화
마당 온통 번쩍거리는
마음 온통 후끈거리는.

매화꽃 2

묏비〔山雨〕 막 개인 다음
되살아나는 매화꽃 냄새
깊이 마시면
머릿속 해골이 환해진다.
안구(眼球) 근처가 더 환해진다.
잠시 환등 켜진 것처럼
꺼져도 한참 환한 환등처럼.

오늘 입은 마음의 상처

사람 모여 사는 곳 큰 나무는
모두 상처가 있었다.
흠 없는 혼이 어디 있으랴?*
오늘 입은 마음의 상처,
오후내 저녁내 몸 속에서 진 흘러나와
찐득찐득 그곳을 덮어도 덮어도
아직 채 감싸지 못하고
쑤시는구나.
가만, 내 아들 나이 또래 후배 시인 랭보와 만나
잠시 말 나눠보자.
흠 없는 혼이 어디 있으랴?

* Rimbaud의 시구.

군번을 잊어버리고

며칠 전 인감증명 떼다가
계원이 군번을 물었다.
머릿속 환한 빛,
아, 잊어버렸구나!
가만, 군번 하나 잊는 데 삼십 년,
그 세월 속에 바뀐 가로수들, 주소들, 술집들, 만나고 헤어진 사람들.
이제 그 모두를 풀어놓고
향기 아니더라도 모두 자기 냄새로
번호 없는 꽃들이 피었다 마음놓고 시드는 곳, 그곳을 향하여
증명서 모두 놓고 가볼꺼나.

드디어 마음놓고 타인(他人)이 되어.

평창서 자며

제발, 여름 저녁 장평—평창 31번 국도로
차 몰지 말게.
더더구나 혼자 달리지 말게.
평창강과 나란히 놓인 온기 남은 아스팔트로
몽땅 올라와 엎드려 있는 동성동본(同姓同本) 개구리떼
짓이기며 짓이기며 가는 길.
저 핏자국들!
저 한 다리 잃고 더 높이 뛰는 놈,
그 낙하 지점으로 차바퀴는 구르고.

장평 평창 30킬로
풋내기 형리(刑吏)처럼 종횡무진 달려
평창 밤비[夜雨] 온몸으로 들으며
마셨네, 오랜만에, 소주를 소주로.

지상(地上)의 양식

그 어느 책 뒤져보아도
천국에는
술집과 지저분한 연구실과 꿈이 없구나.
창밖에 내리는 저 낙엽도,
앞산을 적시는 저 짧은 황혼도.

날빛보다 더 밝은 세상에서 인간의 혼들이
다 같이 손뼉치며
계속 호텔 뷔페를 즐긴다 한들,
의료보험 필요없고, 은퇴도 없단들.

연구실 밖 반쯤 빈 단풍나무에서 낯익은 까치가
알 만하게 고개 끄덕여
생물의 육체만이 꾸는 꿈 속에
나를 흥건히 취하게 한다.

사라지는 동물들

제임스 벨록이 무성(無聲)으로 찍은
90년 4월호 『내셔널 지오그래픽』 사진들,
고급 동물들의 아우슈비츠,
숨죽인 지구의 자전.

사약(賜藥) 받기 전 선비는 아름답다.
아메리카 대륙 밖으로 사라지기 직전 플로리다 표범,
너울 쓰고 우리 밖을 곁눈질하는 아시아 검은 곰,
그리고 사그라진 치타 나라의 슬픈 치타,
그들의 사별 현장은 아름답다.

고별사 대신
맨 앞에서
침팬지가 뒷짐지고 세상 등진 채
열중쉬어!

앞으로 인류가 살아남으려면

앞으로 인류가 지구 껍질에 계속 남아 숨쉬려면
여러 나라가 멋진 청년처럼 살아야 하리.

청년답게 청년답게

난(蘭) 기르다 실패하고 자살도 하고
대포 대신 폭죽 쏘고 처벌도 받고.
퇴근길에 홀린 듯 항구로 스며들어
외항선 가슴속에 숨기도 하고.

청년답게 청년답게.

가오리

수산시장 판매대 위에 올라
누워 있는 생선들을 보노라면
(죽은 포유류보다는 얼마나 의젓한가?)
가오리가 가장 슬프게 보인다.
아, 가오리!
축 늘어져
뜨고 있는 눈조차 보이지 않는,
그러나 생김생김은 물 속의 새,
물결 속을 날은다.
아 저 스페인춤 한바탕
막 끝내고 대 위에 오른 저 모습.

앵 무

"안녕하십니까?"
'앙렁하슴까?'
"반갑습니다."
'바앙슴다.'
"옛기!"
'에…'
외우기 힘든 수학 공식을 찾듯이
나는 그의 기억 속을 더듬는다.

대나무도 벼과(科)지

바쁜 길 가다
막 건드린 도깨비바늘
온통 쏘여 마음 바쁠 때,
아 그게 국화과 식물이지,
(그 싸한 내음)
빙긋이 마음 풀었다.

그러고 보면
대나무도 벼과(科)지.
생김새 고향 달라도
우리는 얼마나 같은가!
얼마나 다르지 않은가!
마음속에 감춘 냄새까지도.

일에 밀려 정신없이 뛰다보면
사람과(科) 사람들과 허물없이 떼지어가고 있어,
사람 냄새!

두 통

1

그가 들어온다.
어지럽던 방 갑자기 숙연,
텔레비도 꺼져 있다.
방 한가운데 선 채 그는 사방을 둘러본다.
후끈후끈대는 광채.
벽들이 멀어지고
말〔言〕이 모두 가버린다.
근심 걱정 간곳없다.

2

서울 근교
폐수 흐르는 잡풀 속에서
작은 꽃 한 송이가
갸우뚱 암호를 보낸다.

전라남도 화순군
쌍봉사 철감선사 큰 비(碑) 부려논
돌거북이

오른쪽 앞발 슬쩍 든다.

3

창밖에 돌풍이 인다. 갓 심은 나무 하나가
뿌리뽑히고, 아파트 건너 동에서
알루미늄 새시 하나가
낙하한다. 마음 산란해
몸의 문 다 열어놓아도
머릿속이 타오르지 않는다. 이미 저지른 일들을
걱정해본다. 선금 받고 못 쓴 글
생각하고, 이미 실린 바보 인터뷰 기사를
다시 만들다 만다. 시집 해설 마감일은? 참 신용카드
결제일은? 이미 지났어! 근심 걱정들이여, 온갖
잡생각들이여, 분노여,
모두 몰려와 자리잡으라,
내 잿빛 뇌세포 속에.

슬그머니 문이 열리고
방이 숙연해진다.

삶의 이미지

오늘날 삶을 하나의 이미지로 바꾼다면 어떤 것일까?
큰눈에 주저앉은 비닐하우스일까,
마을 못 뜬 노인의 비틀거리는 경운기일까,
자동차 꽉 막힌 도로일까,
아니면 선암사 삼성각 앞에
연기(演技)하듯 누워 있는 소나무일까?

그도저도 아니라면
겨울 새벽 불켜고 책상머리에 앉아 있는 아파트 가까이
초등학교 날짐승 우리에서 그래도 울 때라고 우는
겁 없는 수탉일까?

소리의 혼

── 강원도 산골에서, 마종기에게

서양물 설먹은 자답게 베토벤의 후기 현악사중주를
차에 모시고 다니며 듣는다.
소리의 혼이 베토벤 귀의 가로등을 모두 끄고
자신의 내장(內臟)하고만 대화를 나누게 할 때,
내가 그 얘기를 엿듣고 있을 때,
소리의 혼이 언뜻 봐줘
급히 옆으로 파고드는 차를
아슬아슬 피하게 하는구나.

오늘은 음악과 소음 모두와 헤어져 강원도 산골에 왔다.
베토벤도 브람스도 카세트에 잠재우고 왔다.
마당이 살아 있다.
눈 위에 눈 솔솔 뿌리는 바람 소리,
담장에 눈 쏠리는 소리,
전나무 가지에 눈송이들이 쌓여
기다리다 기다리다 눈 꼭 감고 뛰어내리는 소리.
흰 눈 흠뻑 쓰고 있던 나무가
끝내 자해(自害)하는 따악 소리.
방의 전기가 나간다.
전선이 땅 위에 쓰러져 내는 신음.
마루문을 열면

하늘이 인간의 높이에 맞게 낮춰져 있다.

두 귀 모두 마루에 내어놓고
지구가 하루쯤 궤도 벗어나 멋대로 놀다 오길 기다린다.
가만, 지구의 목소리가 들려온다.
너의 목소리!

토말행(土末行)

이즘처럼 시간이 몸을 조여오고
밤에도 계속 전화벨이 울릴 때는
꿈꾸는 자들이 아는 그곳으로
나는 가야겠다.

꿈과 길의 끝 해남군 토말 같은 곳
겨울날 동백 채 피기 전
아무도 없는 전망대에 올라
시간(時間) 벗은 다도해와
혼자 볼 때는 천더기 같은 갈매기들이
어울리는 곳.

바람에 안긴 성긴 비자나무들이
마음대로 소리내며
바람과 지겹게 입맞추는 곳.

비린 사랑 노래 1

바다 냄새를 맡은 조그만 강물처럼
나는 흐른다
마지막 마을의 집들이 지나가고
조그만 돌다리가 지나가고
어설프게 정치망(定置網)이 몇 개 쳐 있다

저 뻘 너머 캄캄한 하늘
새파란.

비린 사랑 노래 2

우리의 여름,
그 여름이 끝났습니다.
만나는 모든 것의 체온이 낮아졌습니다.
이젠 성숙해졌을 태양의 얼굴 한번 보고 싶어
밤새 차를 달려
새벽 동해에 다다랐습니다.
만났습니다.
오전 내내 구름 속에서 계속 가고 있는,
남에게 들키지 않고 편안히 가고 있는,
태양을 만났습니다.

비린 사랑 노래 3

어제 오후에는 기다리던 저녁비 오려다 말아
나를 온통 사막으로 만들었습니다.
사하라나 고비처럼 거창한 것은 아니고
지도책에는 거의 나오지 않는
신기루만 몇 채 떠 있는 사막이었습니다.
모래 위에는 바람 자국 몇 줄기 그어 있고
한참 전에 새 그림자 하나가 지나갔습니다.
아무것도 없습니다. 가만,
사람 몇이 걸어간 흔적이 보이는군요.
바람이 불어도 지워지지 않습니다.
그 발자국을 따라 한없이 걷다가 되돌아왔습니다.
물 솟고 나무 자라는 곳 같은 건 없었습니다.

비린 사랑 노래 4

봄 막 풀어지기 직전
난폭하게 꽃핀 때죽나무를 둘이서 보다
모르는 사이에 얼굴 돌려
서로 눈을 들여다본다.
한 순간
망막이 찰칵 열렸다 닫히고
하늘이 떠진다.

우연이라니!

비린 사랑 노래 5

누구나 볼 수 있는 저 두 언덕 사이에
채 그리다 만 그림처럼
반쯤 그려져 걸린 무지개,
무지개는 무지개, 따로 숨겨둔 깊이 없음.

마음속에는 마음밖에 없음.

모르는 사이에
마음이
땅 위로 흘러내리다!

비린 사랑 노래 6

가을 들면서 잔 비가 뿌려도
무지개가 제대로 떠지지 않았습니다.
저녁 안개 가끔 낄 뿐
햇빛 속에서도
보이지 않게 걸을 수 있었습니다.
모르는 새 마음이 조금씩 식더군요.
지하철에서 석간을 읽고
읽던 기사 좌석에 놓은 채 일어서
마을버스를 타고 아파트로 돌아왔습니다.
꽃가게의 꽃들이 풀죽어 웃고 있고,
아무 일도 없었습니다.

((사람 살려!))

사랑 노래

연못 앞에 앉아 편지 봉투 뜯으니
그대 키운 연못 고기들이
갑자기 반기며 뛰노는구나.
물 면에 떠올라 입 뻥긋대며
눈웃음짓는 놈도 있구나.
우리가 방생교(放生橋)로 이름붙인 무지개다리가
거꾸로 비쳐
하늘 속에 둥근 문이 열린 것 같다.
편지 속에서 귀익은 발자국 소리 들리고
그대 모습 나타난다.
사라지기 전 그 모습 잡으려 손가락 세우고 공중에서 떠는
열 개의 지문(指紋).

겨울에서 봄으로

겨울 편지

어제 오후 큰눈이 내려
포구의 길이 모두 지워졌습니다.
새벽녘에는 뒷산 눈이 몰래 마을로 내려와
담장을 부숴 길을 내기도 했습니다.
짧은 방파제 안에 배 몇 척 모여 떨고 있을 뿐
앞 언덕의 전나무도 소나무도 오리나무도
다 숨어버렸습니다.
당신도 삶의 흰색 속에 숨곤 했지요.
동서남북이 온통 흰빛일 때
국도를 달리던 승용차 하나가
눈에 밀려 포구로 들어와 감히 바다에 뛰어들진 못하고
아슬아슬하게 축대 위에 정지했습니다.
갑자기 따악 소리가 나고
흰 눈 속에서 소나무 하나가 거짓말처럼 나타나
기괴한 몸짓으로 자신의
눈 뒤집어쓴 팔 하나를 부러뜨렸습니다.

봄 편지

살과 친한 바람이 바다에서 불고
오늘은 머리 위가 온통 다른 색깔입니다.
남보라에 따뜻이 베이지를 푼 하늘이
수평선까지 넘실대고 있습니다.
아낙들이 건지는 해초들도
가만히 못 있고 몸들을 뒤척이고
방파제를 나서는 통통배도
가볍게 둥싯거리는 품이
허리춤이 되살아난 것 같았습니다.
과장은 삼가겠습니다.
오시지 않아도 좋습니다.
고기들이 한눈 팔며 나다니는 바다를 끼고
혼자 방파제를 마음놓고 왔다갔다하겠습니다.

되돌아온 편지

고장난 부표(浮標) 등대를 끌고
통통배가 헤엄쳐 들어왔습니다.
버스가 들어왔다 나가며

마을을 온통 흙탕칠해놓았습니다.
버스 편에 당신 편지가 떨구어졌군요.
건성으로 읽고 안주머니에 넣었다가
다시 건성으로 읽었습니다.
이제 아주 숨으시겠다고요?
혹 성공하신다면
내 마음속 어디엔가 숨으시지 않겠어요?
주막 밖으로 나가니 어둠 속에서
그물 널린 방파제에 배가 살짝 살짝
그러나 잘못 부딪는 소리가 들렸습니다.

  안 부친 편지

새벽 뜰을 쓸다 보니
참새 한 마리가 얼어 죽었군요.
그처럼 가벼울 수 없었습니다.
입다물고 눈 꼭 감고
두 발 오므리고
가볍게 잠든 것 같았습니다.
마당 한켠에서는 대들이 파랗게 얼어
바람도 없이 한참 떨었습니다.

다시 봄 편지

쌓아놓고 읽지 못한 책도 많겠지만
오래 소리없던 대숲에 새들이 드나드는 기척을
알아채지 못한 봄은 좀 많습니까?
X레이 찍을 때만 가슴 펴본 봄은 또 얼마겠습니까?
진단카드 들고 공연히 마음죄인 봄은?
가슴 못 편 사람끼리 모아 찍을 때
당신과 내가 나란히 X레이 필름 속에 나타난다면?

새들이 날읍니다.
한 새가 이상한 몸짓 하며 하늘에서 내려옵니다.
땅 위에선 새 한 마리가
고개 갸웃대며 기다리고 있습니다.
땅이 젖어 있군요.

오랜만에 삽을 들고
옆집 청년이 돈사(豚舍) 자리잡는 것을 도와주었습니다.
한참 파던 그의 괭이에 무슨 흰 것이 닿았습니다.
반듯이 누운 사람의 뼈군요.
가슴 언저리가 가장 복잡했습니다.

다산초당(茶山草堂)

1

만나는 사람들의 몸놀림 계속 시계침 같고
'반포 치킨'에 묻혀 맥주 마시는
내가 지겨운 기름 냄새 같을 때
읽는 책들도 하나같이 맥빠져 시들할 때
알맞게 섞인 잎갈이나무와 늘푸른나무들이
멋대로 숲을 이루고 서서
눈발 날리는 강진만을 내려다보고 있는
다산초당에 오르곤 한다,
는 실은 거짓말이고
다산초당은 달포 전에 처음 갔다.
해가 떴는데 눈발이 날리는 희한한 날이었다.
몇 대의 버스와 택시를 종일 번갈아 타고
강진의 귤동마을에 도착했다.
공터에서 차의 맥박이 끊어지자
흰 눈발이 앞창을 한번 완전히 지웠다가
다시 열어주었다.

2

바쁘게 뛰다 보면
온갖 냄새와 욕지기가 다 섞여서
멍하게 사는 것이 그중 제일로 된다.
혹은 떵하게 사는 것이.
예전 같으면 왕들이 그 사정 눈치채고
아랫사람들에게 분부를 내리거나
친구들이 알아서 옥사(獄事)를 일으켜
그대를 날오이처럼 싱싱한 곳으로 귀양보냈다.
제주도나 두만강 변두리에서
마음이 헐거워질 때까지 잊혔다 돌아오면
혹시 진정한 '나'가 눈앞에 보이지 않을까?
사는 맛이 화장 지운 제맛으로?
그게 안 되는 오늘날 마음이나마 유배 보내야겠지.
마음의 유배라니,
어느 고장에 가서 마음을 떨구고 오지?

3

떠나는 길이 떠올라야 한다.

그대가 제주로 유배간다 하자.
김포에 가서 KAL을 타면 빠르기야 하겠지.
이것저것 따지다 보면 그게 속도 편하고.
허나 아니지 그건,
제주 시인 문충성씨가 호송관처럼 염라대왕처럼
왕방울눈 부릅뜨고 제주 공항에 나타나더라도
그건 귀양길이 아냐.
공항에서 몸 검색을 하는 것까지는 유배 같지만
(혹 자결할지도 모르니)
땀구멍 하나 열지 않고 떠나며 끝나는
그런 귀양길이 어디 있어?
보다는 세면도구를 꾸려가지고
새벽 일찍 터미널에 가서
첫 출발 광주행 고속버스를 타는 거야
(완도 배 시간에 맞춰야 하니까).
톨게이트 벗어나면 곧 눈 덮인 청계산이 나타난다.
운 좋으면 길 양편으로 설화(雪花)가 따라온다.
운이 나쁘더라도 옆자리에서
알맞게 화장한 젊은 여자가 졸며 어깨를 그대에게 기대거나
중년 남자가 읽던 주간지를 아낌없이 건네준다.
그대도 잠깐 졸고

수염 없는 새우처럼 광주 터미널에 내린다.

4

시외버스로 나주평야를 가로지르며
마음 가라앉히고 영암으로 다가간다.
평범한 산들 사이에서 월출산이 나타난다.
병풍처럼 둘러친 산을 오른편에 끼고 돌 때
그대 마음을 벗어 유리창에 걸어라.
바위와 하늘이 서로 치차처럼 물려 돌고 있다.
같이 내려앉고 같이 솟구치며 몸부림치고 있다.
몇 해 전 대흥사행 때 뛰어들었던
월출산 남쪽 무위사 극락보전도 월남사 터 5층 석탑도
몸부림 속에 물려 돌고
솟구쳤다가 가라앉는다.
자세히 살펴보면 그대가 몸부림치고 있다.
옆자리에서 소년 하나가
삶은 달걀을 먹다 말고 놀란 눈으로
그대를 찬찬히 쳐다본다.

5

강진행 갈림길 성전에서 그만 내린다.
흰 햇무리가 하늘에 쳐 있고
성긴 눈발이 날리고 있다.
그 성긴 감촉을 더듬어
월남사 터, 혹은 무위사 극락보전 후불벽화 속으로
들어가볼 것인가?
가서 잦아든 몸부림을 확인할 것인가?
아니면 과거에도 마냥 고요했던 월남 저수지를 찾아가
홑이불처럼 내리는 눈발 속에서
견디다 견디다 못해 고요를 깨뜨리고 싶어질 때까지
눈과 마음을 감고 기다릴 것인가?
이 고요 속에 갑자기 사람이 뛰어든다면
저수지 고기들이 모두 어이없어하리라.
생각에 잠긴 사이
마침 강진행 버스가 와 멎는다.

6

강진은 조그만 고을

정류장 앞에서 하품을 하고 있던 택시 운전사는
엄청난 값을 불렀다.
할 수 없군, 내일 버스 타고 갈 수밖에,
돌아서자 곧 뒤에서 경적이 울리고
값이 반으로 깎였다.
해남행 도로를 달리다가
세차장 있는 곳에서 비포장도로로 접어들어
강진만을 바로 왼편에 끼고 마구 흔들댔다.
다산정약용선생(茶山丁若鏞先生) 유적비가 나타나고
곧 만덕산 품으로 기어들어가
드디어 귤동마을에 닿았다.

7

가파른 언덕
옷 벗은 벚나무와 옷 껴입은 비자나무가
질탕하게 한데 어울리고
검푸른 대숲과 꽃망울진 동백숲이
띄엄띄엄 널려 있다.
마른 물푸레나무 줄기 하나가 내 얼굴을 쳤다.
귀가 먹먹해지고

낮은 음성이 들려온다.
"예까지 와서 나무타령이 웬일이뇨?"
"제주로 귀양가다 월출산에 마음 앗겨
완도길 잃은 사람이올시다.
숲이 하도 그윽하길래……"
"아니다, 네 것은 여행이지 귀양이 아니다."
"귀양과 여행이 뭣 때문에 다릅니까?"
"여행에는 폭력이 없느니라, 삶의 한쪽 턱밖에 들어 있지 않지."
"그렇다면……?"
음성이 끊겨 올려다보니
기와집으로 단장한 초당이
늦오후 햇빛 속에 미소 띠고 서 있었다.

8

정석(丁石) 바위가 정답고
다산동암(茶山東庵)도 산방(山房)도 두루 마음에 들지만
놀라운 것은 동편 언덕마루에 있는 천일각(天一閣)
(다산초당에 붙인 이름치고는 좀 촌스럽지만)
강진만을 한눈에 내려다보며 서 있었다.
바다와 땅이 이야기를 주고받으며

서로 안고 있는 광경이 펼쳐져 있었다.
바다 건너에서는 조그만 마을들이 숨어 있고
마을 사이에는 가느단 길들이 그어져 있었다.
발밑 강진읍 쪽으로
동백과 사철나무로 가득 채워진 비래섬 양편으로
거짓말처럼 돛단배 한 척씩 들어오고 있었다.
오른편 하늘에는 늦오후 해가 뜨고
왼편 하늘에선 성긴 눈발 날렸다.
두 팔 묶인 채 강진만을 내려다보는
한 사내의 모습이 마음속에 비쳤다.
눈이 갑자기 환해지고
봄의 송진 냄새가 풍겨왔다.
어디선가 탁 소리가 나고
오래 용서되지 않던 친구 하나가 마음속에서 해방된다.
(이 자슥아!)
점퍼의 지퍼를 내리고 심호흡을 한다.
몇 년 의문으로 남아 있던 예이츠의 시 한 가닥이
배호의 노래처럼 우습게 풀린다.

9

옆에 놓인 플라스틱 바가지를 들고
다산이 차 달일 때 썼다는 약천물을 뜬다.
샘 안에 눈길을 주자 두꺼비 한 마리가 웅크리고 있다.
버리려던 물을 그냥 들고 마신다.
참 달군!
마른 연못 속에서
붉은뺨멧새 두 마리가 마음놓고 푸드덕거리다 날아간다.
새가 날아간 자리에서
한 사내가 세상을 마주하고 앉는 공간이 완성된다.
하늘에 다시 날리는 눈발
눈송이 몇은 천천히 내장(內臟)에서 녹이리라.

브롱스 가는 길

1

브롱스는 주로 흑인들이 사는 곳
얼핏 버스 시간을 확인하고
서둘러 자취방을 나선다.
모든 전기를 잠재웠는지
(천장 배선 고장으로 방바닥 여기저기 흐트러져 있는
소켓 속에서 무언가 번쩍이고 있지나 않은지)
가스의 목은 철저히 조여놓았는지
(조금만 숨쉬어도 그 복잡하고 화끈한 냄새)
찜찜하다.

한 블록을 건너면
슈퍼에서 고기를 사올 때만
울타리 뛰어오르며 짖어대던 개가
울타리 치며 암팡스레 짖는다.
이제 비로소 내 몸에서
고기 냄새가 나기 시작하는가 보다.
샌포드 가(街) 160로(路)에서 버스를 기다린다.

2

옆에는 흑인 남자
앞에는 중국인
뒤에는 이탈리아 여자가 타고 있다.
언뜻 보아도 다 안다.
중국인은 세계일보를 보고 있고
창에 얼굴이 어른거리는 이탈리아 여자는
창밖을 내다보고 있다.
눈이 내리려는지 거리가 어둡고
왕관 모양으로 전정을 한 측백나무가 지나간다.
흑인이 나를 보고 있다.
눈썹이 이쁘군.
고개를 돌리며 그에게 인사를 한다.
"굿 애프터눈!"
흰 이를 내밀고 그가 인사를 받는다.
"굿 애프터눈 투 유, 투!"

3

뉴욕 도착 보름 만에 겪은 '머깅'이 떠오른다.

5번가 도서관 근처 일본 서점에서
얄팍한 영어판 선사전(禪事典) 하나 고르고
7번가를 통해 펜 스테이션으로 가는 길이었지.
대낮이었는데 흑인 둘이 달려들어
오른편 바지 주머니에 손을 넣지 않겠나.
그냥 털렸으면 되는 건데
대낮, 자율신경이라는 게 있지 않은가.
들어온 손을 두 손으로 꽉 잡고
진창에 뒹굴고 발을 뻬었지.
더러워진 바지 때문에
아무도 옆에 앉지 않으려는 기차를 타고 숙소로 돌아올 때
아무도 보이지 않던 객차 안.

4

플러싱에서 7번 전철을 타고 책을 읽는다.
데리다?
아니면 데리다는 실패라고 속삭이는 책들,
아니면 애거서 크리스티?
아냐, 그네의 책은 한 달 전에 끝냈다.
(외로울 때면 그 여자를 찾았다.

ABC 살인, 오리엔트 특급, 나일 강의 죽음……
허나 도서관에서 빌린 그네의 책을
안 읽고 반납했을 때 그네와 이별했다.)
그럼 바흐친?
마틴 부버의 새로 나타난 형제.
"타인의 눈이 나를 완성시킨다."
그렇다면, 눈이 부시다.
눈이여 부셔라,
내 눈이 타인을 완성시킨다!

74로에서 7번을 내려
지하 이층을 내려가
E나 F를 기다린다.
오라, 어느 기차든,
맨해튼 5번가 다음 정거장에서
D로 갈아타면 된다.
오라, 어느 기차든,
(어느 인생이든!)

5

객지가 객지다우라고
마종기는 크리스마스 카드를 두 장씩이나 보내왔다.
불쌍한 녀석!
미국 의사 생활 22년에
파리 로마 구경 한 번 못 하고
(나 같은 빈털터리도
파리 거리를 세 번이나 헤맸는데)
무용가 어머님이 스페인춤 보고 싶다고 해서
스페인 한 번 모시고 간 것이 고작
여가만 있으면 늘 서울로 달려오곤 했지.
과격한 사람들은 그를 센티멘털리스트라고 부르겠지만
애국자들 어디 손들어봐요!
비원 뒷골목과 무교동 술집을 그리며 22년을 보냈다면
마음속에 진주가 들어도
엄청 크고 답답한 것이 들어 있으리.

6

7번가에서 E를 내린다.

플랫폼에서 청년 가수 하나가
모자를 앞에 내놓고
기타를 치며 노래하고 있다.
여기도 답답한 진주가 하나 있구나!
귀기울이면 컨트리송,
이럴 때 샹송이나 베싸메 무초라면 얼마나 좋으랴
(최진희의 「낙엽」이라면!)
동전을 모자 속에 던지자
천천히 D가 들어온다.

7

러시 아워가 아니라선지
텅 빈 칸,
조심스러워진다.
아, 흑인 청년 셋이 저편에 앉아 있구나.
일제히 나를 쳐다보는 것 같다.
일어나 다른 칸으로 갈까?
차장 있는 칸이 어느 쪽이지?
그러나 살펴보니 밉지 않은 얼굴들,
인제는 피부의 색이 된 인고(忍苦)의 저 얼굴,

발을 흔들며 흥얼대고 있다.
그들에게서 시선을 거둘 때
한 순간 진주 세 알갱이가 빛난다.

   8

브롱스는 주로 흑인들이 사는 곳
식물원이 있는 베드포드가 섬처럼 떠 있다.
섬에 가 닿는다.
좀 작은 토끼만큼 큰 다람쥐가 오르내리는
엄청나게 큰 나무 사이로 어깨를 펴고
마음놓고 걸어본다.
하늘이 개이고
주위가 환해진다.
큰 나뭇가지 사이로
얼굴 하나가 나타난다.
조그맣고, 춥고, 밝은,
뒷방에서 오래 몰래 떨며 조각한 그런 얼굴
(우리나라의 얼굴?)
아 그 얼굴이 천천히 공중에 떠오른다.
구름들이 찬란한 광채를 띠고 있다.

대낮, 두 팔을 힘껏 높이 쳐든다.
가스여, 터져라!
전기여, 지끈지끈 타올라라!
세상의 모든 답답한 진주여, 터져나오라!
이상하게 어지러움도 없이
몸이 공중에 떠오른다.

뉴욕 일기 1

벼르던 거처를 변두리 한구석에 정하고도
마음이 가라앉지 않았다.
멋없이 키 큰 단풍나무와
말없는 느티가 서 있는 길에는
엄청 큰 다람쥐들이 무언가 줍기 바쁘고
가까이 가도 알은체를 않았다.

초가을 비가 하루종일 뿌렸다.
짐을 뒤져 한국 지도를 꺼내
스카치 테이프로 벽에 붙여놓고
서울서 대구로 부산으로 광주로
한바탕 눈 여행을 하다가
아직 못 가본 구룡포도 만나보고
가느단 금으로 간신히 연결된
장흥의 보림사도 다시 다녀오고
(헌 돌 새 돌 섞어 다시 놓은
돌다리여 잘 있었는가?)
양구군 민간인 통제 구역 안에 스며들어
가을 한 저녁을 들키지 않고 걸어보고야
마음 저으기 가라앉았다.
옆집 개 짖는 소리 들리면

이사가 끝난다더니
오늘 옆집 개가 목청 좋게 짖는다.

뉴욕 일기 2

마종기가 보낸 연어 한 마리가
자작나무 연기를 몸에 담은 채
얼음 주머니 네 개를 달고 자동차를 타고 헤엄쳐와
냉장고 속으로 들어갔다.

오늘은 호사해보자
상을 차리고
아무도 없지만 정장(正裝)을 하고 의젓하게
의자에 앉는다.

납작한 오리입들을 하고
맥주통 따개들이 통 얼굴에 붙어 있다.
딸 때의 소리는
매의 부리 끝처럼 명쾌하다.
소리가 하도 좋아
미리 네 통을 딴다.
맥주 네 통을 한꺼번에 담을 잔은 없을까?

뉴욕 일기 3

누군가 울었다
뉴욕서 밤에.
누굴까?
전화기를 들자
낮은 소리로 흐느끼고
누구냐고 계속 물어도,
한국어와 영어로 또박또박 물어도,
끊기지 않고
잠시는 낮은 소리로 흐느끼지도 않다가
찰칵 끊겼다.
계속 얼다가 오랜만에 눈이 녹는 밤이다.

뉴욕 일기 4

러시 아워에 비좁은 지하철을 타고
오랜만에 발도 한번 밟히고
돌아와 저녁을 짓는다.
창밖에 어둠이 밀려와 쌓인다.

책을 읽다 보면
마음이 너무 비좁다는 생각이 든다.
어지럽게 쌓여 있는 기억과 기억, 추억,
저 시효가 영 끝나지 않는 부끄러운 일들,
조금씩 밀어 자리를 만들고
또 몇 개의 이름과 연대(年代)와 사건을 쌓아놓는다.

잠깐 존다. 벌써 늦은 밤이다.
일기예보를 보려고 텔레비를 튼다.
AIDS 걸린 고아 소녀애를 양녀로 맞아
볼맞추며 좋아하는 삼십대 백인 여자가 나타난다.
갑자기 한쪽으로 확 쏠리는 정신,
세상은 비좁아도 살아볼 만하다는 생각이……

견딜 수 없이 가벼운 존재들

1

뉴욕 한국인 예술제에서 시 낭송을 하고
직장 여자 동료의 친구를 만났다.
무용 공부를 하는 엄마 학생이라고 자기 소개를 한 후
"명숙이가 선생님 한번 뵈라고 했어요.
모레 서울 갔다 와서
이 주일 후쯤 초대할게요.
남편도 술 좋아하니까
술 대접 한번 하고 싶어요.
우리 사는 아파트는 개미집이지만."
(개미는 얼마나 정교하게 집을 짓는가?)
쓰고 있는 둥근테 잿빛 펠트 모자와
검소하지만 색 맞춘 남청색 옷이 잘 어울려
"참 멋쟁이신데요," 했더니
그네는 웃으며 대답했다.
"전 거지예요."

2

혹시 원효가 미친 척 당나라에 스며들었다면

무슨 일이 일어났을까,
행색은 어땠을까,
과연 원효가 원효로 될 수 있었을까?
생각하고 있을 때
시인 김광규가 편지를 보내왔다.
"이런 괴로운 시절에 망명(亡命) 가신 형이 부럽습니다."
저런!
망자(亡字)와 명자(命字)가 한자리에 묶여 연주하는 간결한 2중주를
나를 위해 그는 더 짧게 편곡을 했군.
그는 생각했을까,
당나라로 떠나기 전날 원효에게
왜 물그릇이 해골로 비쳤을까?
후에 그의 주특기가 되는 구걸승의 총본산 당나라를
그가 왜 마지막 순간에 포기했을까?

3

멋대로 신나게 가볍게 살던 의사가
농장 노동자가 되어 죽는 쿤데라 소설 영화
「견딜 수 없이 가벼운 존재들」을 보고

의사 마종기와 여주인공 칭찬을 하며
브로드웨이 32번로까지 걸어가 강서회관서 저녁을 먹고
(내 숙소에 가서 식사하자고 했으나 그는 한사코 거절,
"네가 만드는 밥 어떻게 먹니?"
5년째 미국 사는 동생도 언젠가 한마디로 거절,
"형님 음식 어떻게 먹습니까?"
그럼 내가 만드는 음식
나는 어떻게 먹지?)
펜 스테이션 입구에서
오랜만에 상냥하게 웃는 여자 거지를 만나
동전 한푼 깡통 속에 던져주고
(한국에는 거지가 없지.
미국은 '복지원'도 없는 삭막한 나라.
참 그 거지는 내가 짓는 음식을 먹을까?)
기차 타고 돌아와
방에 불을 둘이나 켜고
종기 보는 앞에서 손을 두 번 씻고
파 마늘 썰고 고춧가루 깨소금 섞어
양념장 만들어놓고
안주로 순두부를 끓인다.
동향인 자취방 밖에 보름달 환하다.

세상 돌아가는 이야기를 하며
반 갤런짜리 스카치를 2/3 비우고
지구의 회전축도 약간 더 기울여놓고
김영태 욕도 좀 하고
(욕먹는 자는 복이 있나니
욕하는 자보다 늘 한 수 위이니라)
견딜 수 없이 가벼운 삶의 얘기들을 하고
사이사이 카세트 틀어놓고 최진희의 노래를 합창하다가
(자취방 밖에는 보름달 환하고)
30대 초반 중국인 여주인에게 불려나가
조용하라는 주의를 받고
간신히 종기를 침대에 눕히고
(간신히 나를 눕혔다고 그는 말하리라)
나는 더 편하게 카펫 위에 자리 깔고 이불 덮고
큰대(大)자로 누워 잠든 사이
꿈속에선 전라도와 경상도가 가볍게 뒤집히기도 하고
우리 탄 비행기가 태평양 상공에서
움직이지 않고 멈춰 있기도 했다.

아침이 오자 그는 카메라를 들이대고 찍었다.
내 귀여운 술병들을

(종기 위해 새로 구색 갖춘 것들도 있었다),
술병들 앞에 조깅복 입고 수사(修士)처럼 서 있는 나를,
구석에 흉하지 않게 감춰논 내복들을,
그리곤 다시, 벽에 붙여논 한국 지도 옆에
어색하게 서 있는 중년 사내를,
그 옆에 그가 좋아하는 마크 트웨인 사진을,
연출 지시대로 미소를 달았다 떼었다 하며
사진을 찍히다 나는 얼핏 생각했다.
내가 이렇게 살고 있는 이곳은
지옥인가, 연옥인가, 천옥(天獄)인가?
혹은 (이건 단테도 몰랐으리라)
뉴옥(獄)인가?

텔레비에서 본 스웨덴의 일인용 감방 크기만한
자취방에서 증거물을 충분히 수집하고
(지난밤 그는 특히 술병들을 사진 찍어
내 부모님과 아내에게 보내겠다고 협박했다)
그는 나를 데리고 밖으로 나가
문지기처럼 문에 세우고 셔터를 눌러댔다.
게으른 문지기처럼
계단에 비스듬히 앉게 하기도 했다.

슬픈 문지기처럼
하늘을 쳐다보게 하기도 했다.
그리곤 마침 길 건너 서 있는 택시 운전사에게 부탁해서
둘이 같이 찍기도 했다.
둘 다 천옥의 간수들처럼 웃고
(혹은 당나라에 잘못 들어온 원효들처럼 웃고,
30대 중국 여자에게 야단맞은
50대 들어선 사내들 같지 않게 웃고.)

아마 원효는 느낌으로 알았을 것이다,
당나라에서 제조해온 신라인들의 웃음을.
당진에서 배를 타기 전에
그는 기호학(記號學)으로 당나라를 읽었을 것이다.
그날 밤 등잔 심지 돋구고 그는
해골에 고인 물 마시고 다음날 토하는
결정적인 소설을 썼을 것이다.
(동굴 속 해골에 어떻게 빗물이 고이랴?)
사진을 찍고 나서 종기는 나를 몰고
바겐세일 레코드 상점을 찾아 맨해튼으로 나갔다.
지금이라면 원효도 지하철을 탔을 것이다.
우리처럼 빈손이었을 것이다.

(거지의 마음
그 견딜 수 없이 가벼운)
지하철을 내려 지상으로 올라와
헐렁한 주머니에 손을 찌르고
경주 거리보다 계속 직각으로 뚫려 바람이 세찬 장안 거리를
한없이 작고 가벼운 존재가 되어 걸었을 것이다.

4

후배가 놓고 간 앵초꽃이 물을 잘 받아먹는다.
지나치게 주면 뱉어버린다.
창가에는 놓을 곳이 없어
놓인 곳이 마침 식탁,
밥알도 몇 개 먹여주고
기름 뺀 우유도 몇 방울 먹여주었다.
광선이 모자란 것 같아 애기처럼 팔에 안고
커튼 사이로 햇빛도 조금 쪼여주었다.
날이 지나며 앵초는 꽃과 잎을 하나씩 둘씩 떨어뜨렸다.
놀라워라, 남은 꽃과 잎은 생생했다.
떨어진 꽃과 잎을 종이 냅킨으로 쓸어내며
그 동안 나는 무엇을 떨어뜨렸나 생각했다.

혹시 나는 떨어뜨릴 걸 제대로 떨어뜨리지 못하고
잎과 꽃을 잔뜩 달고 머리끝부터 마르는 그런 꽃이 아닌가?
손을 올려놓으면
기다렸다는 듯이 가볍게 부서져내리는?

5

뉴욕 사람들은 빨리 걷는다.
서울 사람들보다 빨리, 곁눈질 않고
곧바로 걷는다.
빨간불이 켜져도 틈만 있으면
주저없이 횡단한다.
보도에 잠시 혼자 남았다가
나도 빨간 신호등 켜진 거리를 서둘러 건너간다.

앞서 걷던 사내 하나가 갑자기 뒤돌아서며
두 팔 벌리고 큰 소리로 떠든다.
심판의 날이 다가왔다는 건지,
무기 연기됐다는 건지,
심판관이 바뀌었다는 건지,
잘 식별되지 않는다.

다른 사람들처럼 발걸음 늦추지 말고 지나가야 하는 건데
일순 발이 멈춰지곤 한다
(원효는 당나라 거리에서 이렇게 멈칫하는
신라인의 발걸음을 미리 알았을 것이다.)
이번엔 옆에 국적 불명의 원효가 또 하나 서 있다!
서로 흘낏 보고 미소짓는다.

다시 걷는다.
고층 건물이 끝나고 센트럴 공원이 나타난다.
산딸나무와 개능금나무들이 꽃을 미친 듯이 달고 있는
작은 언덕을 넘어 호수가로 가서 앉는다.
멀리서 오리 세 마리가 놀고 있을 뿐
하늘도 물도 땅도 한가한 오후
편안한 시야 속에 낯선 물고기 하나가 기슭으로 다가온다.
잔 물결이 인다.
바로 눈앞 아무것도 없던 곳에서
점 몇 개가 갑자기 튀어 흩어진다.
물벼룩들이로군!
한 점이 달아나다 멈추고 꼼짝 않고 있다.
뒤돌아보는가, 두근대는 가슴으로, 다리 후들후들 떨며?
참, 물벼룩 하나하나에도 심장이 뛰고,

그리고 자기만의 내면 생활이……
햇빛이 수면에서 부서져 무지개색으로 퍼진다.
한 순간 허파 한 쌍과 마음 한 채가 몽땅
그 한 점에 깊숙이 빨려들었다가
확 놓여난다.

미시령 큰바람
(1993)

꿈 꽃

내 만난 꽃 중 가장 작은 꽃
냉이꽃과 벼룩이자리꽃이 이웃에 피어
서로 자기가 작다고 속삭인다.
자세히 보면 얼굴들 생글생글
이빠진 꽃잎 하나 없이
하나같이 예쁘다.

동료들 자리 비운 주말 오후
직장 뒷산에 앉아 잠깐 조는 참
누군가 물었다. 너는 무슨 꽃?
잠결에 대답했다. 꿈꽃.
작디작아 외롭지 않을 때는 채 뵈지 않는
(내 이는 몰래 빠집니다)
바로 그대 발치에 핀 꿈꽃.

오어사(吾魚寺)에 가서 원효를 만나다

1

오어사에 가려면
포항에서 한참 놀아야 한다.
원효가 친구들과 천렵하며 즐기던 절에 곧장 가다니?
바보같이 녹슨 바다도 보고
화물선들이 자신의 내장을 꺼내는 동안
해물잡탕도 먹어야 한다.
잡탕집 골목 어귀에 있는 허름한 술집에 들어가
그곳 특산 정어리과(科) 생선 말린 과메기를
북북 찢어 고추장에 찍어 먹고
금복주로 입 안을 헹궈야 한다.
그에 앞서 잡탕집 이름만 갖고
포항 시내를 헤매야 한다.
앞서 한번 멈췄던 곳에 다시 차를 멈추고
물으면 또 다른 방향,
포기할 때쯤 요행 그 집 아는 택시 기사를 만난다.
포항역 근처의 골목 형편은
머리 깎았다 기르고 다음엔 깎지도 기르지도 않은
원효의 생애만큼이나 복잡하고 엉성하다.

2

허나 헤맴 없는 인간의 길 어디 있는가?
무엇이 밤 두시에 우리를 깨어 있게 했는가?
무엇이 온밤 하나를 원고지 앞에서 허탕치게 했는가?
석곡란에 늦은 물 주고,
밤이 하얗게 새는 것을 보게 했는가?

3

포항서 육십 리 길
말끔히 포장되어 있다.
하늘까지 포장되어 있다.
너무 부드럽게 달려
마음의 밑바닥이 오히려 벗겨진다.
허나 마음 채 덜컹거리기 전에
오른편에 운제산이 나타나고
오어호(湖)를 끼고 돌아
오어사로 다가간다.

4

가만!
호수 가득
거꾸로 박혀 있는 운제산 큰 뻥대.
정신놓고 바라본다.
아, 이런 절이!
누가 귓가에 속삭인다.
모든 걸 한번은 거꾸로 놓고 보아라,
뒤집어놓고 보아라.
오어사면 어떻고 어오사(魚吾寺)면 어떤가?
혹 이미 절이 아니면?
머리 쳐들면 또 깊은 뻥대.

5

원효 쓰고 다녔다는
잔 실뿌리 섬세히 엮은 삿갓 모자의 잔해,
대웅전 한구석에서 만난다.
원효의 숟가락도 만난다.
푸른색 굳어서 검게 변한 놋 녹.

다시 물가로 나간다.
오늘따라 바람 한 점 없이 고요한 호수에선
원효가 친구들과 함께 잡아 회를 쳤을 잉어가
두셋 헤엄쳐 다녔다.
한 놈은 내보란 듯 내 발치에서 고개를 들었다.
생명의 늠름함,
그리고 원효가 없는 것이 원효 절다웠다.

날강도, 야반에 짚을 몰고

날강도, 야반에 짚을 몰고
원효암에 올랐다.
헤드라이트는 물먹은 관목들과 짜고
차의 양 옆구리를 계속 치고
길은 끊어질 듯 절벽을 만들고
보이지도 안 보이지도 않는 공간을 내어주었다.
하현(下弦)달이 숨었다 말다 했다.
마지막 바위길을 뛰어올라 심호흡을 하고
라이트와 시동을 껐다.
오어사(吾魚寺)와 호수가 달빛 속에
서로 안고 잠들어 있었다.

설잠든 새들이 잠투정하는 소리.

허난설헌 생가

강릉시 초당동 허난설헌 생가에 가서
구겨진 잎 달고 매달린 능소화를 만난다.

찢어진 창호지.
큰 집이 비어 있고
시간도 비어 있다.
나비도 벌도 다 떠났다.
그대의 친구들
그대 동생 균(筠)의 친구들도 떠났다.
감 따다 만 사다리 하나
간신히 외발로 서 있을 뿐.
사람 허리 높이 향나무 하나
마당에 주저앉아 한없이 기어가고 있을 뿐.

최후의 시

오랜만에 남포오석 비(碑)에서
기어가던 금이
가장자리까지 가지 못하고 멎는다.
푸른색 유리 잔돌 박힌 곳에서
잠시 주저하다
방향 약간 바꿔
한 뼘쯤 더 기어가다……

언젠가 지금처럼 시를 쓰다 말련다.

김현 묻던 날

─기억나지, 그날?
이성복에게

김현 묻고 돌아올 때, 그 장마 구름 잠시 꺼진 날,
우리는 과속을 했어, 60킬로 도로에서 100으로.
우리는 재빨리 도망치고 있었던 거야 추억에서.
단속하던 의경 기억나지?
의경치고도 너무 어려
우리의 복잡한 얼굴을 읽을 줄 몰랐어.
마침내 죽음의 면허를 따 영정이 되어
혼자 천천히 웃고 있는
천천히 웃고 있는 김현의 얼굴 속절없이 아름다웠고
그 얼굴 너무 예뻐서 우리는 과속을 했어.
경기도 양평의 산들이 패션 쇼를 하려다 말았고,
딱지를 뗐고,
그 딱지 뗀 힘으로
우리는 한 죽음을 벗어났던 거야.

친구의 무덤에서

헤어진 지 일 년 후
장마구름 틈새로
하루 개인 날

망초꽃 자욱이 핀
명도(明度) 높은 구름 위에서
너는 들키지 않고 살고 있구나.

김현의 본명은?

너는 세상 버리고 나서 더욱 까다로워졌구나.
내일 네 삼주기(週忌)를 맞기 위해
오늘밤 깊이 숨겨두었던 술병을 따
알반 베르크 사중주단을 CD로 불러놓고
한잔 들게 하는구나.
이곳 사람들은 하나같이 삼 년 더 낡았다.
그곳엔 지금 새 망초 구름성(城)이 서고
물결나비들이 날겠지.
네가 웃고 있구나 소리없이.
참 거기도 「서편제」 있니?
광남아!

가을엔

가을엔 이별의 앞차를 타리.
길 뚫려 미리 터미널에 나가
시간 안 찬 차 타듯.
길 양편에서 손짓하는 억새들을 지나
그 뒤를 멋대로 색칠한 단풍들을 지나
낯익은 도시의 바뀐 모습에 한눈 팔다가
광장 한구석 조그맣고 환한 과일 좌판 위에
낙엽 한 장으로, 혈맥(血脈) 한 장으로,
내리듯
과일에 닿기 직전
바람을 놓치고 한번 맴돌며
왜 이곳에 왔나를 환히 잊듯
그렇게 살다 가리.

떠남의 한 모습.

늦가을 빗소리

물방울 하나하나가 꽃에 잎에 인간의 몸에
그리고 저희끼리 몸 부딪쳐 만드는 소리 아닌,
땅 위에 뒹굴며 내는 소리 아닌,
서로 간격 두고 말없이 내려와
그냥 땅 위에 떨어져 잦아드는 저 빗소리.
그 소리 마냥 어두워 동공(瞳孔)이 저절로 넓어진다.
나무들의 뿌리들이 보인다,
서로 얽히지 못하고
외로이 박혀 있는 뿌리의 떨림도.
내 잘못한 일, 약게 산 일의
밋밋한 뿌리들도 보인다.
멧비둘기 한 마리가 푸덕이고 날아간다.
마음 바닥에 잦아드는 저 빗소리.

시간이 졸아드는 소리.

초겨울밤

초겨울밤
창밖에는 바람이 잠들고 인적도 잠들고
건너편 등의 불빛도 잠들고
방범등만 눈 내리깔고 서 있다.
아 달이 떠 있다, 수명 다한 형광등 같은.
혹 제대로 잠들어 길 잘 고른다면
지난날 서울 교외에서 반갑게 만나 헤어지던 큰 달,
그 낯익은 얼굴,
(수유리도 좋았고 사당동도 좋았다.)
다시 만날 수 있을 것인가?
그게 안 된다면 언젠가처럼
여름밤 혼자 지방도를 달리다
모르는 새 차창에 걸려 있는 환한 얼굴에
화닥닥 놀라라도 볼 것인가?
매연에 묻혀 달마저 제대로 만날 수 없다면
이번 겨울엔 세상의 온갖 둥근 것들과 이별하고
비쩍 말라 덕대에 속 비우고 걸려 있는
대관령의 북어들이나 만날 것인가?

속없이 눈뜨고 마르는 자 또 하나 왔다!

꽝꽝 언 길 달리고 싶어

꽝꽝 언 길 달리고 싶어
불현듯 집을 나서
하루종일 겨울 옷 제대로 걸친 산 찾아다니다
속리산 법주사에 닿았다.
지난 장마에 파인 언덕이 기다리고 있을 뿐
난생 처음으로
쌍사자 석등이 나를 기다리고 있지 않았다.
석등 받치고 선 두 사자의 잘룩―섹시 허리
그냥 모르는 체 지나쳤다.
꿈결처럼.

이튿날 아침
여관 마당 가득 넘실대는 넘실대는
눈 진주(眞珠).

지방도에서

오르페우스와 윤선도(尹善道) 모두 악기 잘 탔지만
나에겐 여행이 악기이다.
지방도 달리는 소형차의 진동이 정답고
급커브에서 중앙선 넘어 달려오는 차를
미리 짐작하고 피하며 욕 한바탕 해대면
산조(散調)에 빠지듯이
마음이 마음에 젖는다.
오백 년은 넘어 뵈는 느티나무가 지나가고
오르페우스처럼
나는 휘딱 뒤돌아본다.
오토바이 하나가 눈앞에서 확대되려다 만다.

미시령 큰바람

──그날 미시령은 바람 그거
이익섭형에게

1

아 바람!
땅가죽 어디에 붙잡을 주름 하나
나무 하나 덩굴 하나 풀포기 하나
경전(經典)의 글귀 하나 없이
미시령에서 흔들렸다.

풍경 전체가 바람 속에
바람이 되어 흔들리고
설악산이 흔들리고
내 등뼈가 흔들리고
나는 나를 놓칠까봐
나를 품에 안고 마냥 허덕였다.

2

초연히 살려 할 적마다
바람에 휩쓸린다.
가차없이

아예 세상 밖으로 쫓겨나기도.
길동무 되어주는 건 흠집투성이의 가로수와
늘 그런 술집 간판뿐.
(내 들르는 술집은 옮겨다니며 줄어든다.
아예 간판을 뗀 곳도.)
점점 바람이 약해진다.

3

이젠 바람도 꿈속에서만 분다.
아니다, 꿈 바깥에서만 불다 간다.
나 몰래 술집 간판을 넘어트리고
가로수를 부러트리고
꿈의 생가(生家)를 무너트리고
바람은 꿈 없이 잠든다.

4

바람을 생각할 때마다
나는 작은 새 하나를 꿈꾼다.
바람이 품에 넣다 잊어버린 새

날다가 어느 순간 사라질
고개 들고 하늘을 올려다보면 벌써 보이지 않는
그런 얼굴 하나를.

그 얼굴은 녹슬지 않으리라
과연?

5

스물세 해 동거(同居)한 철제 책상의 분위기가 한동안 이상해
마음먹고 살펴보니
모서리 손잡이 다리
서랍 속 구석구석이 온통 녹.
아 내 삶의 녹.
사라지지 않는 것들은
다 녹이 슨다.
손수건을 꺼내 얼굴을 닦는다.

새 책상 들고 온 용인들을 보내고 연구실 문을 나서다
복도 벽에 밀어놓은 옛 책상 앞에서 그만 발 헛디딘다.
순간 숨 멈추고 간신히 두 손으로 모서리를 붙들고

복도 끝 문밖에 서 있는 나무들을
생전 처음 보듯 신기하게 본다.

나무들은 조용하다.
옛 책상의 얼굴을 한번 조심히 쓰다듬어본다.
내 내장, 관절, 두뇌 피질 여기저기서
녹물이 흘러나온다.
녹물이 사방에 번진다.
옛 책상의 얼굴을 한번 더 쓰다듬는다.
여기저기 얼룩지고 터진
지구(地球)의 얼굴이 부드러워진다.
이상하다
바람이 일기 시작한다.
복도 끝의 나무들이 흔들리고
가로수와 간판이 흔들리고
강원도 나무들이 환하게 소리지르고
그 바람 점점 커져
드디어 내 상상력을 벗어난다.
아 이 천지(天地)에

미시령 큰바람.

오색(五色) 문답

> 지구가 손 내밀어 소매 넌짓 당길 때
> 어느 봄 저녁 설악산 오색쯤에서
> 민박하다 뜨고 싶다.
> ——「시인은 어렵게 살아야 3」

"오색의 꽃이 지면
어디 가 죽겠소?"
약수 바가지 건네며 이익섭형이 물었다.
골짜기 물소리 뒤로
처음 듣는 새소리 몇 다발.
"육색(六色)을 찾아가지요."
"육색은 어디?"
"오색 꽃이 없는 곳."

이백(李白) 주제에 의한 일곱 개의 변주곡

때절은 시름 씻어내며
띠 풀고 계속 술을 마시리로다.
정다운 밤은 맑은 얘기를 낳고
환한 달은 잠자리에 들지 못하게 하네.
취기 올라 빈 산에 누우니
하늘과 땅이 곧 이불과 베개.

滌蕩千古愁 留連百壺飮
良霄宜淸談 晧月未能寢
醉來臥空山 天地卽衾枕
　　　　　　　　—「友人會宿」

1

소주와 안줏감을 들고
친구 몇과 사자산(獅子山) 속으로 들어간다.
가을 깊어 능선에는 단풍이 다 지고
적멸보궁 가는 길 양옆에는 오히려 단풍뿐이다.
보궁 앞에서 종이 술잔을 돌리노니
찬 술이 새지 않고 밥통에 듦이 고마워라.

2

운명이여, 그대가 만약 존재한다면,
이수교와 총신대 역 사이에서
차를 몰고 있는 나를 잠시 잊어다오.
잊어다오, 내 나이와 주민등록번호를.
지나가는 여자를 보고 잠시 음심에 빠져
남해(南海) 해변 달리듯 차를 몰고 있는 나를 잊어다오.

3

책장 속에 묻어두었던 꼬냑 병을 오랜만에 캐어내
마개를 조심히 비튼다.
가을 깊은 밤 성냥갑 아파트 속에
마른 성냥개비, 마른 성냥개비 확 타버릴!
술에게 한껏 심호흡시킨 후 그의 거처를
따뜻한 인간의 배로 옮겨준다.

4

마신 약수(藥水)들이 때로 속에서 부른다.

약수를 담았던 산들이 부른다.
예컨대 오대산은 골짜기마다 절이 들어 있고
절마다 목마른 곳에 약수 고여 있었네.
얼음 사이로 따뜻한 물 떠 마시며 몸 떨었노니
몸 식을 때 따뜻한 무엇 몸 속에 고이지 않으랴.

5

이즈음 조금 마시고도 취하니
한수(漢水)가에서 큰 돈 없이 살 수 있겠구나.
전엔 술의 힘 빌려 잠을 이루더니
이젠 술이 내 몸 속을 빌려 먼저 잠든다.
봄 저녁 짧아 텔레비 졸게 내버려두고
혼자 신명나게 눈감고 앉아 있는 날 늘어라.

6

경기도 양평 용문사에는
간지럼 잘 타는 주목(朱木)이 살고 있고
경남 남해 용문사에는
입 셋 달린 삼혈포(三穴砲)가

밥통 셋 다 비우고 살고 있다.
그 절 아랫마을에선
땅속에 숨었던 다천(茶川) 석탑이 죽순처럼
막 땅 밖으로 나오고 있다.
세상 어디에고 영물(靈物) 살지 않는 곳 있으랴.
새벽빛 터지는 삼천포 어시장에선
숨죽이고 눈흘기는 이쁜 물고기들이
그대의 혼을 끌리.

7

구름 위로 달이 고개를 내밀다 얼굴 숨긴다.
달에게 하늘은 무엇일까, 별 듬성듬성 뜬 하늘?
미래의 달 인간 지구 빛에 잠 못 이룰 때 있을까?
잠 못 이루는 밤 있어 인간은 결국 인간으로 남지 않을까?
하현(下弦)달 멋대로 제 길 가게 내버려두고, 자 한잔,
그대와 나 붙박이 달들처럼 당당하게.

죽음 즐긴 라이프니츠

독일 하노버 궁(宮) 다락방 습기찬 가을
남몰래 곡기(穀氣) 끊고 몇 달 동안
죽음을 즐긴 그대.
오늘 영문학개관 강의 준비로
영국 하노버 왕가 세보를 살펴보다
고등학교 때 미분으로 나를 괴롭히며
유럽 얼굴 만들다 간 그대를 생각한다.
허나 그대
좀도둑 시체처럼 거적 덮여 땅에 들어가며
지상에 흘리지 않았어 무덤 같은 걸.

세상에서 크고 작은 무덤 모두 지워버리면
지구 얼마나 깨끗해지랴?
(아 비구니 머리!)

삼봉 약수

1

강원도 홍천군 내면에서 만난 개울,
우리 마음 이리 맑은 적 있었는가?
차(車)가 맑은 거울 부수며 개울을 건너고
새들은 얼굴 찡그리며 나무에 붙어 있다.
삼봉 약수가 사람을 기다리고 있을까,
나무토막 박아 만든 계단 중간에서
왼손은 허리에 오른손은 펴서 이마에 대고?
어지럽혔던 개울 다시 거울이 되면
웃는 낮달 뜬 하늘에 새들만 표표히 날리.

2

세상이 고장난 시계처럼 움직이면
들어가 살리, 홍천군 내면.
내면에서도 계방천(桂芳川) 지류의 한적한 숲길.
허허로운 바람 소리: "절망도 때로는 도피(逃避)니라."
입구의 팻말만 바꾼다면
두어 겨울 나기 어렵지 않으리.
약수터 안내판 대신 "떠돌이 쉬는 곳.

찬물에 계속 뜨거운 머리 식히지 못하면 그대로 죽는
열목어가 마지막 와서 몸과 마음 묻는 곳."

매 미

저 매미 소리
어깨에 날개 해달기 위해 십여 년을 땅속에서 기어다닌
저 매미의 소리
어깨 서늘한.

나도 쉰몇 해를 땅바닥에서 기어다녔다.
매년 이삿짐 싸들고
전셋집을 돌아다니기도 했다.
꿈틀대며 울기도 고개 쳐들고 소리치기도 했다.
어두운 봄꽃도 환한 가을산도 있었다.
이제 간신히 알게 된 침묵,
쉰몇 해 만의 울음!

귀뚜라미

베란다 벤자민 화분 부근에서 며칠 저녁 울던 귀뚜라미가
어제는 뒤켠 다용도실에서 울었다,
다소 힘없이.
무엇이 그를 그곳으로 이사가게 했을까,
가을은 점차 쓸쓸히 깊어가는데?
기어서 거실을 통과했을까,
아니면 날아서?
아무도 없는 낮 시간에 그가 열린 베란다 문턱을 넘어
천천히 걸어 거실을 건넜으리라 상상해본다.
우선 텔레비 앞에서 망설였을 것이다.
저녁마다 집 안에 사는 생물과 가구의 얼굴에
한참씩 이상한 빛 던지던 기계.
한번 날아올라 예민한 촉각으로
매끄러운 브라운관 표면을 만져보려 했을 것이다.
아 눈이 어두워졌다!
손 헛짚고 떨어지듯 착륙하여
깔개 위에서 귀뚜라미잠을 한숨 잤을 것이다.
그리곤 어슬렁어슬렁 걸어 부엌에 들어가
바닥에 흘린 찻물 마른 자리 핥아보고
뒤돌아보며 고개 두어 번 끄덕이고
문턱을 넘어

다용도실로 들어섰을 것이다.
아파트의 가장 외진 공간으로……

……오늘은 그의 기척이 없다.

바위옷 바람

—李太洙에게

쉰다섯 해 뼈 감추고 다닌 살
오늘은 제법 제대로 여며진다.
어젯밤 오랜만에 질탕히 마신 술 탓이리.
마침 큰 눈 멎고 해 있는 날
그대 이끄는 영일군 죽장면 골짜기를 찾아 올라가,
선바위〔立巖〕옆에 바위 그림처럼 붙어 있는
바위옷 껴입고 있는 나무 정자에 기어 올라가,
과메기 안주로 소주를 마시며
시간이 앞질러 가다 길 잃고 헤매기를 기다린다.

하늘엔 시간이 신호로 띄운 듯 몇 포기 구름
잔 속의 소주가 미치게 맑아지는
땅 위엔 온통 바위옷 바람.

도가니가 마르기 시작할 때

도가니가 마르기 시작하는지
왼쪽 무릎 시큰거려
시멘트 길을 버리고
흙길로 돌아갔어.
아 맨흙의 쿠션!
달맞이꽃이 한창,
한 놈은 벌써 시들고 있었어.
이리저리 만져보아도
어디 시큰거리는 기색이 없어,
뒤집어보니
이런, 가득한 씨집이…

흙 위에 마음 힘겹게 벗어놓고.

밤새워 글쓰기

1

방학 핑계삼아 밤새워 쓴 글들
새벽에 모두 헐겁게 흩어진다.
먼동은 훤히 터오는데
창을 열면
엷은 안개 속에
며칠 전 눈 여전히 쓰고 있는 앞산,
작년 겨울 같은 저 겨울.
혀로 입 안을 핥아본다.
가죽과 가죽이 만난다.
인간의 혀가 무두질당한 밤이여,
가죽과 가죽이 만난다.

2

간밤 글 속에서
모든 '나'를 '그'로 바꿔본다.
조그만 가방 어깨에 걸치고
그가 시외버스에서 내린다.
사자산 법흥사.

단풍든 산 능선에는
나뭇잎 갓 벗어논 나무들
황홀한 레이스(lace)로 붙어 있다.
좌우 능선도 황홀,
뒷능선도!
새로 짓는 법당을 버리고 산길에 들어선다.
붉은색 갈색 노란색 낙엽이 알맞게 깔려
삼색(三色)길을 만들고 있다.
옛 본당 거쳐 오른쪽으로 난 길로 접어들며
약수를 마시고
적멸보궁에 오른다.
규모 조금 작을 뿐
오대산 보궁과 꼭같은
사람 몸의 불두덩 모습이 자태를 나타낸다.
주위를 한번 돌고
역시 불상(佛像)이 없는 보궁 안을 들여다본다.
가방과 함께 그가 문득 사라진다.
밤새 쓴 글이 모두 메아리로 바뀐다.
메아리,
나는 '그'의 마음의 메아리!

3

꼭같은 공간을
장욱진 화백이 시외버스에서 내렸다,
가방도 없이.
선생은 주머니에서 바리캉을 꺼내
우선 능선의 레이스를 밀고
(저 비구니 머리!)
단풍색을 뭉개어 빛나는 회색을 꺼내 길을 깔고
주춧돌 세 개 위에 선(線)으로 집 한 채 짓고
그 위 빈 하늘에
까치 한 마리 날렸다.
집 옆에는 선(線) 주춧돌로 쓰려다 만
철선을 조심히 구부려 만든 사람 한 점.
아 '그'!
그가 슬며시 '내'가 된다.

    4

커피가 달고
아스피린 두 알도 달다.

세면대에 뱉어놓는다.
아 나는 결국 풍경 중독자인가?
저 산의 눈 작년 눈이면 어떠리,
내년 눈이면?
사자산이 추억 속에서 머리 깎이면 어떠리.
시간(時間)이 이발당한들!
아니, 내 글이 '그'의 글이 되면 어떠리.
밤새 쓴 글보다도, 가죽처럼 무두질당한 혀와 입이 서로 비비며
더 확실히 삶의 감각을 되살리지 않는가!

집 안이 깨어 웅성대기 시작한다.

떠돌이별

천문학자들은 항성을 행성보다 더 큰 일로 다루지만
나는 떠돌이별, 저 차돌 같은 싱싱한 지구의 체온,
에 끌려 늦봄의 김포와 강화를 떠돌았습니다.
길에는 붓꽃이 필통처럼 모여 피어들 있고
산 밑에는 수국(水菊)이 휘어지게 달려
벙긋이 웃고 있었습니다.
다가가도 웃음을 그치지 못하더군요.
밤중에 마니산 중턱에 올라
모든 별이 폭발하듯 떠도는 것을 보았습니다.
떠돌이별 하나가 광채도 없이
마니산 중턱에서 숨쉬고 있었습니다.

지구 껍질에서

오랜만에 시골서 묵는 밤
잠이 오지 않아 창문을 연다.
저수지 가득 피어오르는 밤안개 속에 새 우는 소리.
그 소리 귀에 익지만 이름 잊었다.
소쩍샌가, 자규샌가, 아니면 안개 속에 길 잃은
외로운 가수(歌手)인가?

나도 자주 길을 잃었다.
때로는 사는 도시에서 길 잃고 헤맸다.

마음 구석구석 더듬어도
얼굴과 이름 떠오르지 않는다.
죽지 않고 지구 껍질에서 헤매다 보면
다시 만날 날 있으리.
혹시 서로 못 알아보더라도
미소 머금고 지나치리.

마왕(魔王)

1

마음속 악마가 속삭인다.
뒤돌아보지 마라.
뒤를 보이지 마라.
시간 됐다, 출석부와 책을 끼고 곧장 강의실로.

서가에 다가가 다른 책을 뽑는다.
『환상의 드라이브 코스』.

내가 만난 꽃들의 입술엔
모두 진이 묻어 있었고
내 혀 양옆 침샘 속에도 진 흐르고 있었네.
그 꽃 향기 달았지, 악마 몰래
핥던 핥던 꽃들의 속들.

2

악마가 속삭인다.
싸구려 술 마시지 마라.
진로 보해 금복주 경월 손대지 마라.

어제는 가짜 시바스 리갈 마시고
진짜 때보다 더 화끈한 경지에 들어갔었네.
동서남북을 구별 않고
지하철 3호선을 거꾸로 타고
밤중에 구파발로 달려갔었네.
북한산 뒷모습이 안개 속에 잘 보이지 않아
봄밤 속을 우주 속 헤매듯이 헤집고 다녔네.

3

여의도 FM 방송국엔 지금 장대비 쏟아진다고?
연구실 밖은 그냥 흐린 하늘.

FM 끄고 마음잡아도
악마가 오지 않네.
전화번호를 잊었는가,
기다려도 소식이 없어.
옳거니, 그 몰래 산에 들어가
작디작은 기차게 아기자기한
(침 고인다)

냉이꽃 벼룩이자리꽃들과 만나 놀다 올까.
산자락에 채 들어서기 전
퍼뜩 누군가 나를 부른다.
아 내 악마!
순간 내가 강의실 쪽으로……

내 젊은 날에 대한 회상기를 읽고

──마종기에게

네 회상기는 고비고비
사실에서 벗어날 때마다
나를 멋있고 신나는 자로 묘사하더구나.
오늘은 네 생각 않기 위해
지방도를 달리다 말고
지도에 없는
설고 험한 새 길로 차를 몰 테다.

  *

너 좋아하던 장욱진 선생이 세상을 버렸다.
세상이 한 순간
장욱진 선생이 되려다 말았다.
장선생의 「집과 까치」 사진을 오려
살기 심드렁할 때마다 들여다본다.
여름이다.

  *

오대산 옆구리에 바싹 차의 이마를 댔다.
약수터 윗언덕은 한 뼘 넘는 솔잎 카펫.

그 위로 날으는 거미처럼 나는
가벼이 날았다 날았다.
누군가 날았다.

내 시벗 오규원은

내 시(詩)벗 오규원은
허파꽈리 절반이 일 않고 노는 병 지니고 조용히 살고
허파꽈리 전부가 멋대로 말듣는 병 지닌 나는
입 위장 항문을 혹사하며 조용찮게 산다.
외롭지도 않은데 술 퍼마시며
그들을 멀리한다.
그때마다 그들은 반란을 일으키고
반란이 끝나면
묵묵히 다시 일들을 한다.
남은 허파꽈리 제대로 혹사하라 이르려다
그의 안경 문득 빛나…

규원아,
배꼽에 감각이 있는 한 산다.

한발 앞서간 황인철을 위한 짧은 세속(世俗) 미사

— 黃仁喆(1940~1993. 1. 20)
생명의 변호사 그리고 동행자

　너 세상 떴다는 전화를

너 세상 떴다는 전화를 귀에서 쏟았다.
춘란이 시들고 있다.

벽에는 가볍게 마른 자줏빛 장미가
종이처럼 마른 안개꽃에 싸여
고개와 두 팔 늘어뜨리고
허리 졸린 채
매달려 있다.
아무렇지도 않게 매달려 있다.

마시다 찻잔에 남겨둔 냉수가 마른다.
시간이, 그지, 시간이 마른다.

　머리 쳐든 저 하늘 속에

머리 쳐든 저 하늘 속에 오늘은
웬 구름장이 저리 많은지.

이 세상 하늘엔 구름도 많지만
너는 땅 위에 비 모두 내려주고
한껏 비워진 구름.

겨울 언덕에서 만난
몇 그루 잎 없는 나무
발톱을 땅속에 박고 서 있다.
빈 들 건너 몇 채의 낮은 산
색채 죽인 지평선
위에 형체 막 풀어버린 구름 한 조각.

미소 알맞게 짓고 있는 해골

미소 알맞게 짓고 있는 해골 하나 만들기 위해
쉰다섯 여름과 겨울
그 헐렁한 길을
맨머리에 눈비 맞으며 헤매다녔노니
이마를 땅바닥에 찧기도 했노니.

공사장에 나가
거친 낱말들을 체질해 거르다
찢어진 체가 되기도 했노니,
정신 온통 너덜너덜.

그 해골 돌로 두드리면
돌 소리 내고
나무로 두드리면
나무 소리 내는구나.

미소 알맞게 짓고 있는 해골 하나 만들기 위해.

SOS

1

성냥갑 아파트 슬몃 열고
성냥개비 하나 나가신다.
엘리베이터 단추 누르고
성냥개비 하나 나가신다.
쉿, 성냥갑 밖
나무들 사람 표정 살피며 조심히 사는 곳으로
성냥개비 하나 나가신다.
나무 하나가 허리를 펴려다 만다.
시효 지나 확 붙지도 않을 화약 머리에 담고
비싯비싯
마른 성냥개비 하나 나가신다.

2

몇 년째 한강이 얼지 않는다.
겨울이 와도 이 동네 집들은 마르지 않는다.
아 겨울이 사라졌구나.
겨울 없는 봄을 기다리다니!
겨울 사라지기 전 동네로 가고 싶다.

봄이 새벽에 몰래 강줄기 타고 올라와
머리맡에 누워 있는 강의 얼음을 가르는
쨍 소리 속으로 가고 싶다.
쨍 소리 속으로 보내다오.
얼음이 시간 속에 살아 있는
그 새벽으로 보내다오.
아 또
쨍!

시멘트 나라의 꽃

설사에 시달렸다.
아침밥을 굶었다.
아파트 정문에서 브레이크를 밟고
다른 차들에 길을 양보한다.
오랜만에 좀 돌아가는 길로 들어선 골목길
어제 내린 비에 가슴 온통 얼룩 번진
시멘트 담장들 위에 처음 보는 얼굴들.
이 집은 보기 힘든 능금꽃,
이 집은 산에서 갓 이사온 산사나무꽃,
그 다음다음 집은 신록 속의 백작약 봉오리,
그 다음은 노란 새 하나 들어 있던 새장,
오늘은 비었구나, 아 문이 열려 있다!
자연(自然)도 한번쯤은 침 꿀꺽 삼킬
저 시멘트 담장 위의 속옷 연 햇빛.
뒤 차가 몇 번 경적을 울린다.
나는 위험 신호등을 깜빡거린다.
"잠깐만 참으시압.
자연의 가슴에서
목하(目下) 수유중!"

지난밤 꿈에

지난밤 꿈에 신음하는 지구를 만났다.
산성(酸性)비 그쳐
꿈속 동구 앞길들 훤하고
열이 높은가, 살구꽃 피다 말고
만나는 강마다 포장 벗겨진 청계천.
새 귓것[新鬼] 차(車)들 휙휙 지나가고
뉘 뒤쫓아오지 않아도 마구 숨이 찼다.
꿈 한쪽에서는 베란다의 어깨 구부정한
낯선 팔손이나무 하나가
조막손을 막 펴고
(막 펴고) 있었다.

아파트 나라의 민들레

지난 겨울엔 베란다의 푸른 자(者)들을
안에 들이지 않고
거실문을 열어놓고 살렸다.
추운 날은 문을 끝까지 열었다.
더 추운 날엔 자다가 깨어 몸을 떨며
커튼을 끝까지 제쳐놓았다.

양란 둘 죽이고
봄이 왔다.
아파트가 온통 난폭해져.

민들레가 피었다 진다.
하루아침
벤자민 화분에
탁구공만한 지구의(地球儀)들!
호호 부니 감쪽같이들 사라진다.
사방 둘러본다.
이왕 떠나야 한다면
'감쪽같이'
아파트 베란다에 봄 난폭할 제.

몰운대는 왜 정선에 있었는가?

—지구여, 그래도 하늘만은!

1

김명인 시인과의 사전 계획은
계획을 벗어나는 일,
지도(地圖) 벗어나 새로 지도 그리는 일.
그의 차 바퀴의 궤적에 몸을 맡기고.
자 떠나자, 동해 바다로!
조반 설친 김시인이 맨손체조하듯 차를 몬다,
한국시의 장래를 걱정하며
(모든 장래여 엿먹어라!)
알짜 강원도의 초입 진부까지.

2

새로 닦은 길로 무작정 들어선다.
오대산 물과 평창 언덕들의 대비
언덕과 하늘의 대비.
하늘은 갈수록 녹음빛.
창 열고 산림욕하며 차를 몬다.
누군가 이곳에 댐을 만들려 들지나 않을까?
몇십 길 나무의 정기(精氣)를 누가 물로 바꿔?

나무 체취에 취해
삼척으로 질러가는 길을 잊어버리고
산골로 정선으로 녹음의 현장으로 차를 몬다.

3

이젠 어떤 선(線) 어떤 면(面) 어떤 색(色)이 인간의 마음을 구해주리라 믿지 않는다. 어떤 믿음이 믿음을 구해주리라고도 믿지 않는다. 그러나 봄꽃 다 지고 가을꽃떼 채 출몰하기 전 이 산천의 녹음, 저 무선(無線) 무형(無形) 무성(無聲)의 색은 어느 품보다도 더 두터운 품, 어느 멈춘 시간보다 더 흐트러지지 않은 시간. 감자전을 맛보기 위해 잠시 세운 차 앞에 물결나비 한 마리가 날아와 망설이고 있다. 봄 쪽으로 갈까, 가을 쪽으로 갈까? 저 조그만 노랑 들꽃 위에 그냥 머물러 있거라, 이 마음 뒤집히는 녹음 속에.

4

지난 몇 년 간 정선은 내 숨겨놓은 꿈, 너무 달아 내쉬다 도로 들이켠 한 모금 공기, 쓰다 못 쓴 뜨거운 시, 애인, 포장 안 된 순살결의 길. 어떤 길은 내 차의 머플러를 너무 애무해 병들게도 했다. 그러나 이제 모든 길이 포장되었다. 비행기재도 뚫리고 강릉길도 터지고 진부에서도 직행 길이 났다. 길가에 널리는 라면 봉지들, 깨어진 소주병들. 남아 있는 위험 표지판만이 희미한 옛사랑의 흔적일 뿐 마음 온통 빨아들이던 산들도 오늘은 정신놓고 웅크리고 있다. 그러나 그 위로 아직, 그렇지 아직, 녹음 켜고 있는 하늘, 녹음의 혼(魂).

5

몰운대에선 지난번 인사만 하고 헤어진
벼락맞아 오히려 자연스레 자란 소나무가
우리를 맞아준다.
바위옷 찢겨진 바위들이 늘었을 뿐
주중(週中) 오후의 적막.
벼랑 밑에선, 저런, 하얀 오리들이 놀고 있구나.
오리들을 어루만지는 저건 뭐지?
아 하늘 녹음.
오리들이 하늘에서 헤엄쳐 다닌다.
땅에서 흙덩이처럼 녹음 한 덩이가 하늘로 떨어진다.
퐁당!
하늘이 되받아 짓푸르러진다.
하늘과 땅의 흥겨운 장단(長短)!

눈 한번 질끈 감는다.
김명인 시인이 갑자기 웃고
벼락맞은 나무가 간신히,
그렇다 흐르는 시간이 슬쩍 흐름 늦추어,
내 몸을 막아준다.

더 비린 사랑 노래 1

봄꽃 난폭하게 색칠하다 말고 막 떠난 언덕 밑
초등학교 친구의 집.
쟁반에 딸기 들고 오는 친구의 막내딸
허리 얼굴 훤칠하고 한쪽이 조막손이다.

그 얼굴 아래
진한 그늘 가득 넘실대는
수국(水菊).

더 비린 사랑 노래 2

오늘은 안개비가 내리다 말고
다시 공중으로 올라갔습니다.
먼지 너무 많아 땅을 채 적시고 싶지 않았을까요.
많은 사람 속에서 안 보이는 사람이 되어
거리를 걸을 때 그중 편안합니다.
두리번대며 상점 속을 살피기도
서둘러 길을 건너기도 합니다.
얼마 안 가 안개비도 나를 피하겠지요.
그때 나는 내 몸 적실 비를 찾아
계속 사람 속을 헤매겠습니다.

더 비린 사랑 노래 3

그대를 노래에 등장시키지 않으려고
여러 세상을 돌아다녔습니다.
동해에도 가고 남해에도 갔습니다.
해남군 토말에도 갔습니다.
한번은 트럭을 피하려다 차를 탄 채 바로
논 속으로 들어갔습니다.
안경이 벗겨져 차 속에 뒹굴었고
벨트 맨 어깨가 얼얼했을 뿐
정말 아무 일도 없었습니다.
엔진을 막 죽인 상처난 차를
다른 사람들과 함께 서서 구경했습니다.

더 비린 사랑 노래 4

매년 한 번씩 남해안에 들러도
한번도 활짝 동백을 보지 못했습니다.
마음먹고 늦게 간 1991년 2월 끝머리도
깜짝 추위에
통영군 산양면 일주 도로에 피었던 동백이 모두
얼어 떨어져 있었습니다.
어디 동백뿐이겠어요?
히터 고장난 차를 몰고
나도 어디론가 떨어져내리고 있었습니다.

더 비린 사랑 노래 5

늦겨울 거제도를 혼자 한바퀴 돌면
삶의 한 고비가 끝납니다.
가는 곳마다 어항(漁港)들이 속을 감추고
터진 하늘과 섬들 사이에 갇힌 호수 같은 바다가
번갈아 방풍림도 감추고
복잡한 조선소도 감춥니다.
도로 공사 인부들과 소주 한잔 나눴습니다.
잡어(雜魚)회가 일품이더군요.
거제대교를 되건널 때 들었습니다
나타났다 숨고 또 나타났다 숨는 바다를
철필로 긁어
마음에 새겨넣는 소리를.

더 비린 사랑 노래 6

비실비실 봄이 왔습니다.
거실의 화초들이 베란다로 나갔습니다.
옆집 화초들도 서둘러 나왔더군요.
때이른 꿀벌 하나가
하늘도 땅도 아닌 팔층으로 찾아왔다가
뒤돌아보지 않고 되날아갔습니다.
화초들은 차가운 분 속에 발목들을 묻고
계속 떨더군요.
그들도 씨 시절을 그리워할까요,
껍질 속에서 마음 따로 없던 때를?
내 머리와 가슴을 흔들어보니
시간 같은 것이 말라붙어 있었습니다.

더욱더 비린 사랑 노래 1

한때는 얼음 낀 강물 속까지 들어가
무거운 돌들의 얼굴들을 파 모았지만
이즈음은 소리없이 다니면서
새가 남기고 간 깃털을 모읍니다.
낯익은 까치의 목도리감도 주웠고
이름 모를 새의 노란색 소매 한 깁도 챙겼습니다.
(날고 싶었을까요?)
솔개에게 먹힌 참새나 멧새의 깃도 모았습니다.
깃에 말라붙은 피, 그 형체는
깊은 침묵이었습니다.
수화(手話)로도 말을 걸 수가 없었습니다.

더욱더 비린 사랑 노래 2

도사(道士)들은 대개 실눈 뜨고 있기를 좋아했습니다.
비운 마음을 남에게 보여주고 싶지 않았겠지요.
비운 마음의 고요,
추위에 되쫓겨 들어온 화분들마저
고요합니다.
얼룩나비 하나가 날아와
고요함 속에 채 들어오려다 말고
얼룩이 채 되려다 말고
그냥 다시 나비가 되어 날아갔습니다.

더욱더 비린 사랑 노래 3

십년 별러 선암사 매화를 만나러
새벽길을 나섰습니다.
일부러 담양에 들러 죽제품 박물관도 둘러보고
담양읍 내리(內里)에 서 있는 돌 당간과 오층석탑도
천천히 보며 마음을 씻고
가만가만 절 매표소에 닿았습니다.
절길을 오르며 연신 코로 숨을 들이켰지만
고요 속에 매화 냄새의 흔적만 묻어 있었습니다.
지난 강추위에 꽃봉오리가 열의 아홉까지 얼어
가지마다 몇 점씩만 꽃이 붙어 있더군요.
(십년 가지고 되겠어요?)

더욱더 비린 사랑 노래 4

이젠 『춘향전』도 시들고
『로미오와 줄리엣』도 사그라들었습니다.
이몽룡이 강남에서 차를 몰고 있고
성춘향이 종로에서 늙어갑니다.
로미오는 로마 교외에서 펜싱 도장 관장이 되고
줄리엣은 로마 중심 스페인 계단 근처에서
부틱을 열고 있습니다.
조금 비쌌지만 타이 하나를 골랐습니다.
그들 모두 아무도 이제는
소설이나 극 속에 들어가려 하지 않습니다.
고통스런 애인 역보다는
역시 그냥 사는 게 좋겠지요.

정말 좋을까요?
종이백에 타이를 넣고 나오다 갑자기 되돌아서며,
현기증을 느꼈습니다.

더욱더 비린 사랑 노래 5

빛의 속도로 달리다
달리는 방향으로 빛의 속도로 튕겨나가도
빛의 두 배 속도는커녕 앞선 빛을 뒤따를 수밖에 없는
우주 속에 갇혀 살고 있습니다.
밖으로 나갈래야 나갈 수가 없습니다.
한참 떨어져 따라오는 내 모습이 보입니다.
(뒤를 보세요,
나의 살과 뼈 사라지고
대신 싱싱한 풀과 흙이 서로 얽고 얽힌 지붕 같은.)
그러나 지금은 앞서가는 그대 내내 한 모퉁이 앞서가고
앞이 캄캄할 뿐,
무작정 걸어 낯선 도시의 기차역에 도착했습니다.
캄캄할 뿐,
광장 앞의 가로등 두 개와
역 시계에 불이 켜져 있었습니다.
열두시 정각,
아 아직 시간이!

더욱더 비린 사랑 노래 6

그대 고속도로보다 먼 곳
소록도보다, 제주도보다 먼 곳으로 자리 뜬 후
하늘이 그대 뒤에서 한번 뒤집힌 후
모두가 가벼워졌습니다.
줄에 끌려가는 개들도 가벼워지고
도시에 가득 박힌 콘크리트 덩어리들도
덩달아서 가벼워졌습니다.

(마음속에는 마음밖에 없음.)

가을꽃에는 가을밖에 없음.
하늘에는 하늘밖에
고소공포증엔 높은 곳밖에 없음.
15층 아파트 옥상에서 내려다보는 주차장
주위를 듬성듬성 수놓은
과꽃 무리.

시간 속에는 (저런!) 시간밖에 없음.

풍장
(1995)

제1부
(1982~1986)

풍장 1

내 세상 뜨면 풍장시켜다오.
섭섭하지 않게
옷은 입은 채로 전자시계는 가는 채로
손목에 달아놓고
아주 춥지는 않게
가죽가방에 넣어 전세 택시에 싣고
군산에 가서
검색이 심하면
곰소쯤에 가서
통통배에 옮겨 실어다오.

가방 속에서 다리 오그리고
그러나 편안히 누워 있다가
선유도 지나 통통 소리 지나
배가 육지에 허리 대는 기척에
잠시 정신을 잃고
가방 벗기우고 옷 벗기우고
무인도의 늦가을 차가운 햇빛 속에
구두와 양말도 벗기우고
손목시계 부서질 때
남몰래 시간을 떨어뜨리고

바람 속에 익은 붉은 열매에서 툭툭 튀기는 씨들을
무연히 안 보이듯 바라보며
살을 말리게 해다오.
어금니에 박혀 녹스는 백금 조각도
바람 속에 빛나게 해다오.

바람을 이불처럼 덮고
화장(化粧)도 해탈(解脫)도 없이
이불 여미듯 바람을 여미고
마지막으로 몸의 피가 다 마를 때까지
바람과 놀게 해다오.

풍장 2

―유평근에게

아 색깔들의 장마비!
바람 속에 판자 휘듯
목이 뒤틀려 퀭하니 눈뜨고 바라보는
저 옷 벗는 색깔들
흙과 담싼 모래 그 너머
바다빛 바다!
그 위에 떠다니는 가을 햇빛의 알갱이들.

소주가 소주에 취해 술의 숨결 되듯
바싹 마른 몸이 마름에 취해 색깔의 바람 속에 둥실 떠……

풍장 3

희미한 길 하나
골목에 들어가 길 잃었다
환한 한길로 열리듯이,
아픈 이 하나
턱 속에 사라졌다 바람 불 때
확 하고 뇌 속에 타오르듯이.

세상이 세워지다 말고
헐리다 말고
외롭다 말고, 세상이
우리 모여 떠들던 광교의 술집과
잠 못 들다 비스듬히 몸 붙이고 잠든 방 사이
어디선가 타오른다.

인왕산일까 남산쯤 혹은 낙산 그 너머일까
낙산 밑 밀주 팔던 그 술집일까
안방에 담요 뒤집어쓰고 화끈 달아 있던
술항아리들일까
혹은 우리들보다 더 뜨거운 우리의 좁은 골목일까?
그런 골목, 우리는 코트 버리고
웃옷 벗어 머리에 쓰고 허리 낮추고

불붙는 마루를 빠져나와 마당을 빠져나와
대문턱에 걸려 넘어져 엎어진 채로
세상이 마르고, 세상을 태우고, 세상에 물 뿌리는 소리를 듣는다.

풍장 4

쓸쓸한 길 화령길
어려운 길 석천(石川)길
반야사는 초행길
황간 지나 막눈길

돌다리 위에 뜬 말없는 달
(그 달?)
등지고
난간 위에 눈을 조금 쓸고
미끄러운 목숨 내려놓고.

이곳에서 부처를 만나면 부처를 죽이고
루카치 만나면 루카칠
바슐라르 만나면 바슐라를
놀부 만나면 흥부를……

이번엔 달을 내려놓고.

풍장 5

까마귀들 날고 떠들며
머리맡에서 서성댈 때
한눈 팔다가 한 눈 파먹히고
팔 휘둘러 쫓으며 비스듬히 누워
한 눈으로 보는 세상.

고개 숙이고 나무들이 나직이
주고받는 말 들린다.
저녁 바람이 차다고
가을의 한가운데가 방금 지나가고 있다고.
가을의 한가운데, 저 외마디 구름장을 뱉어내는
더 작은 구름장,
자지러지며 다시 내 눈을 뱉어낸다
뛰고 날고 참 잘들 논다!

아직도 흥이 남아 있다니!
슬며시 돌아누워 날개 달린 자들에게
나머지 한 눈까지 내어맡길까.
아니면 헌 신발을 머리에 얹고
덩실덩실 춤추며 내려가볼까.
저녁 이슬에 아랫도리 적시고

한쪽 눈으론 웃고 다른 한쪽은 캄캄히 타오르며
맨발로 덩실덩실 내려가볼까.

풍장 6

그대와 나 숨을 곳은
숨죽이고 헤매다 광도(光度) 낮은 저녁 도착한
명왕성(冥王星) 밖 폭포 소리 그치고
싸락눈 조심히 뿌리는 곳.
옷 벗은 버드나무들이
무릎까지 머리칼 늘어뜨리고
신비하고 쓸쓸하게 눈을 맞는 곳.

누군가 전보를 치고
DDD 전화를 걸어오고
밤하늘 별자리 통해 메시지를 보내오지만,
"모두 용서한다 돌아오라 돌아오라."

용서라니!
채찍 그림자만 보고도
문득 속력을 내는
저 그림자 나라의 빠른 말들 가운데
가장 이쁜 말 '용서'를 타고
돌아갈 수는 없겠지.
말을 내리며 둘 다 같은 방향으로
고개를 떨굴 수는 없겠지.

차라리 태양을 향해 분별없이 달려가
겁나는 꼬리를 하나씩 달고
이른 저녁 하늘에 나타나
생채기처럼, 낙인처럼, 아물다 말다 사라질 것인가?

겁없이 하늘에 뛰어든 우리
아 하늘 귀신 못 면하리라.

풍장 7

풍란(風蘭)이 터진다.
손가락을 넣으면
빵꾸난 주머니 시원 너덜너덜 너덜.

옷 꿰맨 곳 터져
살 드러나고
살 꿰맨 곳 터져
뼈 드러나는가.

가만,
말 꿰맨 곳 터질 때
드러나는 말의 뼈.

실과 바람 사이
바람과 난(蘭) 사이
풍란과 향기 사이
에서 노랑 색깔 초록 색깔이 알록달록 가벼이 춤추는
뼈들이 골수 속에 코를 박고 벌름대는
이 향기.

풍장 8

곤한 잠이 두어 시간 나를 데리고 놀다
물결처럼 가버린 후
투덜대는 소리 들린다.
"걔는 죽지 않았어
이건 그가 아냐.
그에게 있었나, 놀부네 제비 낯짝 같은
이 미소가?"
발소리 사라지기 기다려 나는 속삭인다
"내가 채 죽지 않았다면
이건 참 큰일인걸."

삼문(三門) 벼랑에, 집어쳐라 집어쳐,
물기둥 치는 소리.

죽은 자들이 모여 산다는 곳으로
안경 없이 찾아가다 문득 길을 잃어
안개 낀 골짜기와 언덕을 헤매다가
시외버스에 실려 풀이 죽어 다시 세상에 나타난다면
플라자 호텔 앞을
빈정나라에서 욕나라로 막 들어온
멍청한 개처럼 걷다가

뜻 없이 컹컹 짖어……

삼문 벼랑에, 집어쳐라 집어쳐,
물기둥 치는 소리.

풍장 9

바람이 어디로나 제 갈 데로 불 듯
서산 마애불을 만나러 갔다.
마을마다 댓잎 가장자리는
늦겨울 가뭄에 백동(白銅)색으로 익고
얼었던 길은 처음으로 녹으며
춤추는 봄눈을 대숲으로 날려주었다.
마른 오징어와 함께 가서
오징어는 먹고 소주는 몸 속에 뿌리고 왔다.

풍장 10

양날개에 가방을 하나씩 달고
시외버스를 내린다.
더 이상 날개가 없어도 좋은
날개 편 날.

말할 수 있을 때 말하고
말할 수 없을 때
마음놓고 중얼거린다
(아직 놓을 마음이 있다니!)

나무다리 위에서
돌다리를 본다.
돌다리 위에 올라가
돌을 본다.

풍장 11

여기가 어딘가?
봄 산(山)이 햇살 속에 겉옷 슬쩍 걸어놓고
옆으로 비스듬히 누워
배의 솜털을 보여준다.

저 칼로 썰어놓은 구름장 위에
날리는 햇살!

살아 있는 것이 겁 없이 황홀해
더 앉아 가지 못하고
슬며시 일어서서 버스를 내린다.

풍장 12

이 세상 가볍게 떠돌기란
양말 몇 켤레면 족한 것을.
해어지면
기워 신고
귀찮아지면
해어지고
(소금쟁이처럼 가볍게
길 위에 떠서.)

아 안 보이던 것이 보인다.
콘크리트 터진 틈새로
노란 꽃대를 단 푸른 싹이
간질간질 비집고 나온다.
공중에선
조그만 동작을 하면서
기쁨에 떠는 새들.
호랑나비 바람이 달려와
마음의 바탕에
호랑무늬를 찍는다.
찍어라, 삶의 무늬를,
어느 날 누워 깊은 잠 들 때

머릿속을 꽉 채울 숨결 무늬를,
그 무늬 밖에서 숨죽인 가을비 내릴 때.

풍장 13

붉은 부리의
검은머리물떼새
텃새 싫으면
나그네새 되고
떠돌이 싫증나면
다시 붙박이새 되는,

객지에 나가도
의연히 고개 들고
자기 동네처럼 사는,

선유도 낙조(落照)를 만나러 바다에 나가
솔깃이 얕은 생각에 잠겨 있을 때
너는 붉은 잉크빛 출렁이는 바다를 춤추며 건너간다.

진짜 소주병 주둥이의
환한 지린내.

풍장 14

오늘 낮에 새들한테 당했다.
섬 밖 사방에서 날아와
떼지어 맴돌다
한꺼번에 나에게 달려든
저 갈매기표(標) 칼새표 심장들
두둥 두둥둥.

바싹 마른 다리로 벌떡 일어나
뒤를 보며 달리다
바닷가에 널어놓은 그물에 걸려
벌렁 나자빠져 춤추듯 누웠다.

온통 맥박투성이 하늘.

풍장 15

숲에서 나와
가까이,
땅의 얼굴에 얼굴 가까이,
그 얼굴의 볼에 가볍게 볼 비비고
그 얼굴의 입에 입 가까이,
혀 가까이,
목구멍 가까이,
가볍게
몸이 가벼워져 거꾸로 빙빙 돌며 떠오르는 곳
회오리바람 이는 곳, 내 죽음 통하지 않고 곧장 승천하는 곳.

풍장 16

어젯밤에는
흐르는 별을 세 채나 만났다.
서로 다른 하늘에서
세 편(篇)의 생(生)이 시작되다가
확 타며 사라지는 것을 보았다.

오늘 오후 만조 때는
좁은 포구에 봄물이 밀어오고
죽었던 나무토막들이 되살아나
이리저리 헤엄쳐 다녔다
허리께 해파리를 띠로 두른 놈도 있었다.

맥을 놓고 있는 사이
밤비 뿌리는 소리가 왜 이리 편안한가?

제2부
(1987~1991)

풍장 17

땅에 떨어지는
아무렇지도 않은 물방울
사진으로 잡으면 얼마나 황홀한가?
(마음으로 잡으면!)
순간 튀어올라
왕관을 만들기도 하고
꽃밭에 물안개로 흩어져
꽃 호흡기의 목마름이 되기도 한다.

땅에 닿는 순간
내려온 것은 황홀하다.
익은 사과는 낙하하여
무아경(無我境)으로 한번 튀었다가
천천히 굴러
편하게 눕는다.

풍장 18

깨어 있다는 것은 과연 무엇일까?

피곤한 날 네 다리와 몸통을
지구 중심으로 잡아다니는 손
슬며시 잡고 놓아주지 않는 것.
(아 빠듯하다.)
후 불면 입김이 뜨는 것.
빗방울이 몸을 비벼 무지개로 피는 것.

한참 딴 데 보다 다시 보아도
사그라지지 않는 바람꽃.

풍장 19

아 번역하고 싶다,
이 늦가을
저 허옇게 깔린 갈대 위로
환히 타고 있는 단풍숲의 색깔을.

생각을 줄줄이 끄집어내
매듭진 줄들도 꺼내
그 위에 얹어
그냥 태워!

풍장 20

바다는 젖어 있었다.
해당화
젖은 왕(王)보석
색(色)나라의 속이 열리는 색의 입술
입술이 젖어 있었다.
젖은 입술을 열면 눈부신 하얀 모래
위에
눈부신 바다.

내장까지 젖어
다시 지구에 기어올라.

풍장 21

인간만이 아니라
살아 있는 모든 것의 속에 사는,
미물(微物) 속에서도 쉬지 않고 숨쉬는,
혹은 채 살아 있지 않은 신소재(新素材)도
날카로이 깎아놓으면
원래의 편안한 모습으로 되돌아가려는,
저 본능!

바람에 흔들리는 저 나무, 저 꽃, 저 풀,
도토리를 먹는 다람쥐의 오르내리는 저 목젖이
동식물도감의 정밀한 사진 속에 숨지 않으려는
바로 그것!

풍장 22

무작정 떠 있다
멍텅구리배.
오늘은 흔들리지도 않는다.
허리 근질거림 참다 보면
바다에 떴는지 하늘에 떴는지
열(熱)에 떴는지.

처음으로 나무에서 내려와
땅 위에 정신없이 발 디딘 원숭이처럼
땅 위에 떴는지.

인간으로 그냥 낡기 싫어
뒤로 돌아
생명의 최초로 되밟아가려다
생명 속에 떴는지.

풍장 23

무좀도 몸이 늙으면 자리를 뜬다
더 젊은 몸을 향하여.
무좀 뜬 자리는 흉가(凶家)일까 서가(瑞家)일까?

아버님이 말씀하신다.
"화장(火葬)하면 두 번 죽는 것이니
양지바른 곳에 그냥 묻어라."

물론이죠, 허나 속으로 생각한다.
두 번 죽으면 어떠리.
세 번, 네 번은?
화장불 한 번 견디면
지옥불, 저 초대형 연탄불, 마냥 따시리.

언덕 위로 머뭇머뭇 흐르는 한 줄기 연기.

풍장 24

베란다에 함박꽃 필 때
멀리 있는 친구에게
친구 하나 죽었다는 편지 쓰고
편지 속에 죽은 친구 욕 좀 쓰려다
대신 함박꽃 피었다는 얘기를 자세히 적었다.

밤세수하고 머리 새로 씻으니
달이 막 지고 지구가 떠오른다.

풍장 25

희양산 봉암사에 다가갔다.

늦가을 저녁
발목이 깊은 낙엽에 빠지고
시냇물 소리도 낙엽에 빠지고
바람 소리까지 낙엽에 빠지는
늦가을 저녁.

걸음 멈추면
소리내던 모든 것의 소리 소멸,
움직이던 모든 것의 기척 소멸,
문득 얼굴 들면
하얗게 타는 희양산 봉우리,
소리없이 환한.

주위엔 저 옥보라색.
빛들이 몸 가벼운 쪽으로 쏠리다 맑아져
분광(分光) 그만두고 스펙트럼 벗어나 우주 속에 사라졌다가
지구의 하늘이 그리워 돌아온
저 색!

때맞춰 하얗게 타는 산봉우리.

풍장 26

달마는 면벽 구 년에 왜 마르지 않았는가?
달마는 마르는 대신 왜 사지(四肢)의 퇴화를 택했는가?
사지는 말없이 그의 고통과 법열 속에
(저 소리없는 신음 소리, 아악 소리,
내장의 웃음 소리, 생명의 자폭 소리)
그 모두를 참으며 세포 하나하나에
미소 보내며 기다렸을까?

기다림이란 무엇인가? 퇴화란 무엇인가?
혹시 진화란 퇴화로부터 뒷걸음질치는 것?
발 헛디디며 계속 뒷걸음질치다
벽에 등 대고 선 인간의 몸통과 손발.

풍장 27

내 세상 뜰 때
우선 두 손과 두 발, 그리고 입을 가지고 가리.
어둑해진 눈도 소중히 거풀 덮어 지니고 가리.
허나 가을의 어깨를 부축하고
때늦게 오는 저 밤비 소리에
기울이고 있는 귀는 두고 가리.
소리만 듣고도 비 맞는 가을 나무의 이름을 알아맞히는
귀 그냥 두고 가리.

풍장 28

내 마지막 길 떠날 때
모든 것 버리고 가도,
혀끝에 남은 물기까지 말리고 가도,
마지막으로 양 허파에 담았던 공기는
그냥 지니고 가리.
가슴 좀 갑갑하겠지만
그냥 담고 가리.
가다가 잠시 발목 주무르며 세상 뒤돌아볼 때
도시마다 사람들 가득 담겨 시시덕거리는 것 내려다보며
한번 웃기 위해
마지막으로 한번 배 잡고 낄낄대기 위해
지니고 가리.

풍장 29

오대산 적멸보궁 양편 골짜기에
숨어서 소리내는 저 물소리
오늘은 안개비 때문에 한참씩 번진다.
삼문(三文) 문인화의 여백 속 같아
마음 편하다.
오늘은 얼레지꽃들도 꽃잎을 세우지 않았다.
산동백꽃이 잠복조처럼 피어
발길 자주 멈추게 했을 뿐.
텅 빈 상원사에 내려와
물소리의 끝을 약수로 마시노니
그 물소리 몸 속에 남아
꿈이나 생시나 땅속 오지(奧地)에
나를 한참씩 번져 흐르게 하리.

풍장 30

함박꽃 가지에서
사마귀가 성교 도중 암컷에게 먹히기 시작한다,
머리부터.
머리가 세상에서 사라지는 이 쾌감!
하늘과 땅 사이에 기댈 마른 풀 한 가닥 없이
몸뚱어리 몽땅 꺼내놓고
우주 공간 전부와 한번 몸 비비는
저 경련!

풍장 31

마른 국화를 비벼서
향내를 낸다.
꽃의 체취가 그토록 가벼울 수 있는지.
손바닥을 들여다보다가
마음이 쏟아진다.

나비나 하루살이 몸에
식물의 마음 심은 가벼운 것이 되어
떠돌리라
비벼진 꽃 냄새 살짝 띠고.

풍장 32

가을날
풀잎의 한 가닥으로
사근사근 말라
몸의 냄새를 조금 갈고
바삭바삭 소리로
줄기와 뿌리에 남몰래 하직을 하고
쌍사발 시계가 눈망울 구울리며
빨간 꼬리들을 달고 날아다니는 공간 속으로
잠자리채 높이 쳐든 소년이 되어 들어가리.

풍장 33

아내가 내 몸에서 냄새가 난다고 한다.
드디어 썩기 시작!
먼저 입이 썩고
다음엔 항문이 썩으리라.

마음을 마알갛게 말리는
저 창밖의 차분한 초겨울 햇빛.

입도 항문도 뭉개진
어느 봄날,
돈암동 골짜기 정현기네 집
입과 항문 사이를 온통 황홀케 하는 술
계속 익을까?

풍장 34

옷을 벗어버린 눈송이들이
지구의 하늘에서보다 더 살아 춤추는
우주의 변두리,
혹은 서울의 변두리 밖으로,
가고 싶다.
확대경 속에서처럼
큰 눈송이들이
공해에 찌든 몸의 옷 벗어버리고
속옷도 모두 벗어버리고
속살 그대로 날으며 춤추는
춤추다 춤추다 몸춤이 되는 그곳으로,

여섯 개의 수정(水晶)깃만 단 눈송이들이.

제3부
(1992~1993)

풍장 35

친구 사진 앞에서 두 번 절을 한다.
친구 사진이 웃는다,
달라진 게 없다고.
몸 속 원자들 서로 자리 좀 바꿨을 뿐,
영안실 밖에 내리는 저 빗소리도
옆방에서 술 마시고 화투치는 조객들의 소리도
화장실 가기 위해 슬리퍼 끄는 소리까지도
다 그대로 있다고.

풍장 36

내 마지막 기쁨은
시(詩)의 액셀러레이터 밟고 또 밟아
시계(視界) 좁아질 만큼 내리밟아
한 무리 환한 참단풍에 눈이 열려
벨트 맨 채 한계령 절벽 너머로
환한 다이빙.
몸과 허공 0밀리 간격 만남.

아 내 눈!

속에서 타는
단풍.

풍장 37

땅속에 발목뼈 채 묻히지 못해
한없이 떠도는 원혼(寃魂)이 된들 어떠리.
원혼 가운데서도
새처럼 가벼운 원혼,
슬피 울지도 못하고
잠투정하듯
초저녁에 잠시 우는,
울다 문득 고막의 적막 속으로 사라져버리는.

풍장 38

아침에 커피 끓여 마실 때
내 입은 위와 통화한다.
"지금 커피 한잔 발송한다."
조금 있다가 위는 창자와 통화할 것이다.
"점막에 약간 유해한 액체 바로 통과했음."
저녁쯤 항문은 입에게 팩스를 보낼 것이다.
"숙주(宿主)에 불면증 있음."

풍장 39

복수(複數) 여행, 항구 끝의 여관들,
저 불면의 밤들,
아무리 취해도
코고는 일행을 끝 점검하고 비로소 자리에 눕던
저 불면의 밤들,
불면의 끝, 혼자 창 열고 가로등과 함께 훔쳐본
파도에 몸 던지기 직전 눈발 흔쾌히 춤추던 바다!

그러나 이제는 여행 꾸러미 속에서도
가볍게 누워 잠든다,
고추잠자리 마른 풀잎에 내려 줄 듯.
마지막 술잔에 내장(內臟)을 하나씩 맡기고
누군가 옆에서 인생과 문학을 갖고 놀면
귀 열어놓은 채 잠든다.

풍장 40

선암사 매화 처음 만나 수인사 나누고
그 향기 가슴으로 마시고
피부로 마시고
내장(內臟)으로 마시고
꿀에 취한 벌처럼 흐늘흐늘대다
진짜 꿀벌들을 만났다.

벌들이 별안간 공중에 떠서
배들을 내밀고 웃었다.
벌들의 배들이 하나씩 뒤집히며
매화의 내장으로 피어……

나는 매화의 내장 밖에 있는가,
선암사가 온통 매화,
안에 있는가?

풍장 41

꽃 하도 이뻐 남작화(藍雀花)!
노랑 혹은 파랑 나비 모양 꽃 속으로
나비의 입을 지나 식도 속으로
회전문 속에 숨어들 듯
슬쩍 빨려들어가면
꿀방울이 보이고
그 방울 점점 커지다
터진다.

봄이 온통 달다.

풍장 42

부어주고 왔다 마음 태반을,
무주 구천동 백련사
비비추에.

줄기마다 십여 개씩
불 막 끈 보랏빛 초롱들을 달고
바람처럼 모여 있는 비비추,
초롱 하나하나엔 어린 초승달,
하얀 손잡이 하나씩.

비비추, 날 마셔라.
나는 널 마실 수가 없다.
길섶에 끌려가 너를 향해 폭발할 뿐,
엄동설한 수도관 터지듯.
뿜어나오는 나를
마셔라, 비비추.

내 다시는 나를 담을 수 없는
관(管)이 되어 돌아왔다,
너글너글하게.

풍장 43

이제 음악은 다 들었다.
베토벤의 현악 4중주는 너무 들었고
가야금은 산조(散調)에 빠져
물 너무 뿌려
석곡란을 죽였다.
어젯밤에는 브람스의 클라리넷 5중주를
켜놓은 채 잠들었다.
이제 동서양 소리 모두 잊고
풍란(風蘭) 방을 하나 얻어 살다 가고 싶다.
전축도 전화도 전문(傳聞)도 없이.

마음놓고 놀다 가는 바람 소리.

풍장 44

바람 소리.

저 마을 뒤에 엉거주춤 서 있는 산,
낯익어 고향 같다.
개울 간신히 건너는 돌다리
낯익어 돌다리 같다.
눈 반쯤 감고 보면 모두 낯익다.
바람 소리에 흔들릴까말까 주저하는
저 나무들의 몸짓도.
언젠가 하루 구름 갠 날
눈 한번 아주 감으면
모든 게 낯익어지지 않을까.

몸서리치게
낯익은 사람 소리.

풍장 45

며칠 병(病) 없이 앓았다.
책장문들이 모두 열렸고
책들은 길떠날 채비하고 줄 서 있었다.
더러 외투 껴입고 있는 놈도 있었다.

문밖을 나서니 시야의 초점 계속 녹이는 가을 햇빛.
간판들이 선명해라
지나치는 사람들도 선명해라
책을 들고 걷는 저 여자의 긴 손,
차도(車道)에 바싹 나와 아슬아슬
저 흙덩이의 어깨까지 선명해라,
그 어깨를 쓰다듬는 시간의 손가락도.
눈이 밝아졌구나.

——이 시체를 끌고 가라.

풍장 46

내 관악산 북녘에 살며
때로는 산이 안개 속에 숨는 것을 보았다.
이슬비가 안개를 벗기기도
안개가 이슬비를 다시 감싸기도 했다.
다람쥐 몇 마리 뛰어다니기도.
눈앞에서 금방 사라질 것들!
내놓고 가라면
관악산부터 내어놓으리.
다녀온 암자도 암자의 약수 그릇도 내어놓고,
늦가을 저녁 어둡기 직전 익숙한 솜씨로 땅을 더듬던 가랑비도.

풍장 47

1992년 늦가을 저녁
이제 아무도 지는 해를 보지 않는다.
베란다 아래는 사당동 모(某) 아파트 주차장
아무도 귀기울이지 않는 바람 소리.

베란다에 시퍼렇게 살아 있는 벤자민 나무.
다들 시들할 때 잘도 버티는구나.
속내의 바람으로 슬쩍 안아본다.
인간의 체온을 재확인할 뿐.
사당동 모 아파트 주차장의
아무도 귀기울이지 않는 바람 소리.

베란다 공간에 꾸부정한 한 획(劃) 인간
꺾었다 폈다 꺾었다 폈다.

풍장 48

바람의 손길 한결 서늘해지고
날이 저문다.
마른 풀잎에 포근히 싸여
혼자 잠들고 싶을 때.
피여 잠들지 마라,
피여 잠들지 마라.
정상 코빼기까지 차로 오를 수 있는
해발 561미터 칠갑산에만 가도
별은 하늘 가득
별은 하늘 가득
하늘과 마음이 만나는 곳이면
지평선 넘어서까지
하늘에 마음 뺏겨 붙박이된 불꽃처럼
주렁주렁 주렁주렁 달려 번쩍인다.
피여 잠들지 마라.

풍장 49

늦가을 저녁 아우라지강을 혼자 만나노니
나의 유해(遺骸) 예까지 끌고 와 부릴 만하이.
앞산 한가운덴 잎갈이나무들 웃통 벗고 모여
마지막 햇빛 쪼이고 있고,
주위로 침엽수들 침착히 서서
두 강이 약속 없이 만나는 것을 내려다보고 있다.
껄끄러운 두 강 만나
고요한 강 하나 이룬다.
빈 배 하나 흔들리며 떠 있다.
시간이 고이지 않는다.

유해 끌고 오다 고단하면
어느 잿마루에 슬쩍 버려도……
강 만나러 가다
끝내 못 만난 강처럼.

풍장 50

오늘 서가의 지도(地圖)를 모두 버렸다.
바닷가를 방황하다가
우연히 눈부신 눈을 맞으리.
건너편 섬이 은색 익명(匿名)으로 바뀌다가
내리는 눈발 사이로 넌지시 사라지는 것을 보리.
사라진 섬을 두고,
마음에 박혔던 섬도 몇 뽑고
마음에 들던 섬부터 뽑고
섬처럼 박혀 있던 시간들도 모두 뽑아버리고
돌아오리.

오늘 지도를 모두 버렸다.

풍장 51

수인선 협궤차를 내려 걷는다.
하늘에서 문득 기러기 소리 그치고
산 뒤에 숨는 수척한 산
채 사라지려다 만다, 저 숱 적은 머리끝.
철길이 동네 마당을 막 지나가고 있다.
아무 일도 없다
동네 토종닭들이 겨울 땅을 할퀴고 있을 뿐.
팔목시계 하나가 발톱에 걸려 나오려다 만다.
뽑아본다. 침이 가고 있군.

시간 뒤에 숨어 있는 시간?

풍장 52

싸락눈 내리는 늦겨울 저녁
꽃도 병(病)도 없어
기계적으로 물 주며 잊고 살던 소심(素心)과
최근 들어서는 늘 곁에 놓아두고 두리번 찾던 시간을
(내 안경 어디 있지?)
다시 만나리.
한번 만나고 나면 세상의 온갖 선(線)들이 시들해지는
부석사 무량수전 가벼이 살짝 쳐든 처마의 선을
받침기둥 하나와 수인사하고
서로 자리 슬쩍 바꿔
두 팔로 받치고 서 있으리.
싸락눈 맞으며.

다음엔 마음놓고 금가리.

제4부
(1994~1995)

풍장 53

바둑 훈수 두어도 좀체 화 안 내던
화나면 껄껄 웃던
중문과 동료 슬몃 세상 떠
새벽길에 고향 부여로 가고
(부여, 부여, 부연 어디 있는가?)
늦눈 막 그친 오후
연구실 밖 캐나다단풍 싹
오늘따라 유난히 선명한 붉은 혀들
하늘에 흑선(黑線) 친 가지에 촘촘히 붙어 있다.
눈 한 점 살짝 올려놓은 혀도.

마당에 나가 얼굴 쳐들고 입 벌려
눈송이 받아 혀 위에 올려놓던 어린 날
둘러보아라
그 어린 날은 어디 있는가?
(부여, 부여, 부연 어디 있는가?)

어디에 가 묻힌들
봉천동 네거리만 못하랴.
어느 저녁
단풍 혀 위에 우연히 얹혀

잠시 무중력이 되었다가
무심히 한 방울 부연 물로!

풍장 54

그대는 강을 건넜는가?

낯선 밤여행 길에서
전조등을 허리로 때로는 무릎으로 받으며
이른봄 성긴 눈발 속에 나타났다 숨었다
눈인사하다 건너는
길이 먼저 건너는
그런 강이 아니고,

갑자기 자갈 위에 그대를 올려놓고 문득 내려놓는,
귀기울이면
타이어 무게 받으려고
등에 힘주고 움츠렸던 자갈들이
제자리로 돌아오는 소리.

그대는 강을 건넜는가?

풍장 55

이른봄부터 국문과 이선생의 오른쪽 눈
슬몃슬몃 어두워졌다.
영문과 홍선생의 망막 지평선 위론
모기 두 마리가 날기 시작했다.
눈뜨면 바로 눈앞에 모기 두 마리.
내 홍선생에게 말했다,
모기 날음〔飛蚊〕이 아니라 모기 춤이라 하자.

눈 속에서 물것이 춤추면
한 눈 감아도
세상 온통 춤밭 되리.
어디서 날아와 둥지 틀었는지
벤자민 화분에 핀 민들레꽃도 춤추리.
민들레 잎에 붙어 있는 풍뎅이 등에 박혀 자지러지게 춤추는
고동색(古銅色) 반점!

풍장 56

텔레비전 화면에서 보는 달걀의 세포 분열
날개 형상이 그려지기 전
어느샌가 눈언저리에 까맣게 모여드는 세포들.

세상 뜰 때는 심장 멎기 직전
눈이 먼저 꺼지지 않겠는가.
어느 오후 창밖 싱싱한 캐나다단풍
그 옆 느티나무 이층 까치집
그 아래서 난폭하게 타고 있는 등(藤)꽃 불떨기
아 허파꽈리들 온통 청보라로 익히는 불떨기들을
천천히 다시 한번 만나보게 하고
동작 그만, 하며 세상 슬몃 눈에 들어와 어두워질 때,
"세상에서 만난 사람들 하나하나 확연했어,
예쁜 덧니까지도!"

풍장 57

한 보름 비운 사이
온통 달개비밭이 된
친구의 농장 한구석에
잘못 들어와 핀 바위취들.

어디서나 발 멈추면 보인다
달개비들에 밀려 시드는 꽃들.
꽃잎 가장자리가 바래고
손발이 일그러지고
허리가 마르고
땅에 박은 식도(食道)가 어둑하다.
막차가 터미널에 닿고
불들이 슬며시 꺼지기 시작한다.

어디서나 발 멈추면
마르는 풀의 꺼지는 불이
인간의 마음을 덥힌다.

풍장 58

달개비떼 앞에서 쭈그리고 앉아
꽃 하나하나를 들여다본다.
이 세상 어느 코끼리 이보다도 하얗고 이쁘게 끝이 살짝 말린
수술 둘이 상아처럼 뻗쳐 있다.
흔들리면
나비의 턱더듬이 같은 수술!
그 하나에는 작디작은 이슬 한 방울이 달려 있다.
혼처럼 박혀 있는 진노란 암술
그 뒤로 세상 어느 나비보다도 파란 나비 꽃잎!
금방 손끝에서 날 것 같다.
그래, 그 흔한 달개비꽃 하나가
이 세상 모든 꽃들의 감촉을……

상아 끝에서 물방울이 떨어져
풀잎 끝에서 꼭 한바퀴 구르고
사라진다.

풍장 59

그대는 상자 속을 들여다보았는가?

낡은 티셔츠, 벙어리장갑 한 짝,
흑백 사진 몇 장,
몽당연필 한 자루,
붉은 연필로 겉장에 ×표 친 노트,
벙어리장갑 또 한 짝,
을 들치고 속을 보면
어느 날 들어간 인사동 골목길
연탄 난로 위에 우동이 끓고 있는 조그만 노점 앞에서
키 큰 소녀 하나가 떡볶이를 먹고 있다.
단발머리 위로
담장 위로
벌겋게 녹슬고 있는 철조망 끝으로
타고 오른
끝이 살짝 말려 있는 나팔꽃 한 줄기
그 위론 예쁘달 것도 귀엽달 것도 없는
낮달 하나.

구역질

소녀는 계속 먹고 있다.
시간이 새어나가고
아무런 부피도 무게도 자리 뜬
한줌의 느낌.

풍장 60

그래 능소화
얼굴 약간 구겨진
캐주얼 입은 종이꽃같이
나뭇가지에 슬쩍 걸터앉아

아무리 기다려도 다른 얼굴이 나타나지 않는
바람 한 점 불지 않는
여름날

스캇 라파로의 재즈 베이스 리듬에 기대어
세상이 사라져도 끄트머리가 없다면.

풍장 61

빌 에반스 트리오
일찍 세상 버린 스캇 라파로의 「비취(翡翠) 비전」
재즈의 품에 안겨 늙는다면 천상(天上)의 일
저 산발(散髮)한 드럼 소리
하늘로 오르다 말고 흩어지는 가늘고 확실한 분수 같은.

그래 아무도 기다려주지 말게.
봉암사 찾아가다 쌍곡에서
차 몰고 막 천상에 오르려다 만 친구를 만나
천국보다는
희양산 저녁 하늘과 땅이 만나는 곳이 더 아름답다고
발목까지 빠지는 낙엽 밟기가
천국의 카펫보다 더 환희롭다고
하늘로 오르다 말고 떨어지다 마는

확실치 않은 인간 같은.

풍장 62

평생 잠에 발 들여놓은 적 없는 하루살이들
떠오르다 멈춘 큰 풍선처럼 들판에 떠 있다.
들을 가로지르는 지방도(地方道)의 이른 가을
늘 보는 구름 두어 장 떠 있다.
하루살이들이 부력(浮力)을 얻기 위해 고도를 낮출 때
자세히 보면
잠에 빠졌는지
같이 내려오지 못하고
두세 점 겉떠도는 놈도 있다.

그 잠,
어린 날 물가에서 수제비뜨던 돌 외발뛰기하던 돌들을
눈 껌벅이며 빨아들이던
그 수면(水面) 같은 잠.

풍장 63

하루살이 하나 가물가물 내려온다.
길을 잃었는가
생각에 잠겼는가
발 헛디뎠는가
혼자 헛것처럼
가물가물 돌며 내려온다.

하루살이 떨어진 점 위로
풀잎 한 장 가벼이 날려온다.
혈관 알맞게 마른
풀잎 한 장 날려온다.

풀잎이여
하루살이의 얼굴을 덮어다오
그의 귀와 귀 사이를 덮어다오
그의 쬐그만 입술과 입술 사이의 숨을 덮어다오
그의 삶의 느낌을 덮어다오
이 하루살이를 덮어다오.

풍장 64

밤에 자다 홀연히 깨어
알아듣지 못할 말을 중얼거리며
거실에 나가 벽 더듬어 불을 켜고
냉수 한잔 마시고
공연히 달력 한번 쳐다보고
말 않으면 모든 말 금시 말라버릴 듯
불 끄려다 석곡란에 물 주며
몇 마디 말 중얼거리다 말고.

언제부터인가 말없이 다가오는
인간의 뒷모습.

풍장 65

오랜만에 와 멎은 남도(南道)길

담양읍 담양천변 빈 장터에
적갈색으로 변하는 흑백 사진 속 근엄한 노인들처럼
버티고 선 오백 년 느티들
창(槍) 포개 묶어놓듯
밑동 잘라 묶어 세워논 황죽(黃竹) 위로
그 텅빔 속으로

캄캄히 날려간다 느티잎들

풍장 66

선운사 도솔산 단풍 막 지고 난 뒤
나무의 나체들
그 하나도 황홀찮은 적막(寂寞)
빈 나무들 뒤로 사라지는
한 줄기 구겨진 길
고개를 돌리는 바람 소리

황홀찮은

풍장 67

산하(山河)는 온통 서걱이는 서리밭길
한강과 경기만의 수초(水草)들도 관절을 굽힐 때

기러기 몇 마리 마음놓고 떠 있는
하늘
바람의 어깨가 만져지는

풍장 68

한번 불다 부력(浮力) 놓치고 꺼지는
저 바람 소리같이
소리같이

눈 희끗희끗 친 끄트럭 밭 건너다가

풍장 69

월악산 중턱 가득 수놓은 눈꽃
온 나뭇가지들이 수정(水晶) 피워내
찬란히 깎아 빛나는

혼(魂)이 있다면
언젠가 한번은
눈꽃처럼 내 몸에 묻었다 날아가리

마음 온통 찬란해
오르페우스처럼 앞만 보고 내려오다
송계계곡에 닿기 직전 홀쩍 뒤돌아본다
아 사라졌다

묻었다 날아가듯

풍장 70

냇물 위로 뻗은 마른 나뭇가지 끝
저녁 햇빛 속에
조그만 물새 하나 앉아 있다
수척한 물새 하나
생각에 잠겼는가
냇물을 굽어보는가
물에 비친 자신의 모습을 보는가
조으는가

조으는가
꿈도 없이

외계인
(1997)

제비꽃

오늘은 개일는지
학생들이 오르기 전
이슬 채 마르지 않은 언덕에 올라가
무심히 누웠다.
하늘을 보다 아래를 보니
별처럼 수놓은 제비꽃 수틀 속에 내가 누워 있었다.
수틀이 마르며 내리는 빛발 속에
꽃송이 하나하나가 산들대며 빛난다.
곧 사그라들 저 가혹하게 예쁜 놈들!
한 놈은 꽃잎 하나가 크고
또 한 놈은 꽃받침이 살짝 이지러졌다.
키도 각기 달라
거의 땅에 붙어 있는 놈도 있다.
어느 누구도
옆놈 모습 닮으려 애쓴 흔적 보이지 않는구나.
한참 들여다보면
이슬 방울인가 눈물 방울인가 가진 놈
얼굴에 방울 띄우지 않고
가슴에 내려 녹이고 있을 뿐.

외계인 1

—김포 대벽농장 주인 김정웅에게

1

그대 농장의 지하수,
김포 수안산 머리에서 흘러내려
가슴 부근의 나무뿌리와 풀뿌리를 적시고
배를 타고 하체로 내려와
그대 농장 마당 지하에 고인 물,
그 맛에 길들어,
혼자 김포 들을 질러 달려왔다.
새 눈이 내리고 있었다.
양곡을 지나자
벌써 하얀 나라
하늘도 하얗다.
멋모르고 도로에 들어온 개를 간신히 피한다.
조심히 차를 몰아
수안산 남녘 자락에 눈 맞고 서 있는 하얀 정자를
눈발 가늘어진 하얀빛 속에서 확인하고
차를 왼편으로 돌려 올라가
눈 맞아 **뻑뻑**한 자물쇠를 연다.

2

지하수 전기 펌프까지 가는 길을 처음 낸다.
찍히는 발자국!
신기해서 차 있는 데로 돌아왔다가
다시 걸어본다.
잠시 그친 눈에
농장은 온통 진주(眞珠)
담장까지 넘실대고 있다.
발자국을 찍기 위해 여기저기 걸어본다.
이것 봐라.
나는 발가락 하나하나의 무게까지 섬세하게 찍혀 있는
새 발자국을 좇고 있군.
저 샌가, 저 앞 어린 은행나무로 날아가는.
검은 베레모에 갈색 코트,
저 새 이름, 되새?
두 눈으로 새를 좇으며 걷다가
여름내 채소 자라던 자리에
벌렁 뒤로 한번 넘어졌다.
눈 위에 큰대(大)자를 찍었다.
일부러 또 하나 찍었다.

다섯 개나 찍었다.
허전한 자리에
하나 더 찍었다.
내일쯤 눈 위에 큰대(大)자 암호 보거든
그대 농장에서 한 시간쯤 살다 간
외계인의 자취임을 알아다오.

3

농장 빠져나오자마자
베이지색 개 하나를 만난다.
평범하지만 편안한 개,
천천히 그가 길을 건너는 걸
차를 세우고 기다린다.
왼쪽 귀 끝에 검은색 암호!
그가 살짝 꼬리를 흔든다.

외계인 2

1

숫봄, 숫봄! 혼자 김포 들을 질러 달려왔다.
공연히 검색하려 드는 순경 때문에 기분 좋아
(나를 수배자들처럼 젊게 보다니!)
양옆에 노랑색 쏟아놓은 길을 내처 달렸다.
여자 하나만 기다려도
대여섯 기다리듯 출렁대는 버스 정류장들을 지나
(참 바로 스친 그 여자 옷 노랑색이었지).
하늘은 땅에 온통 푸른색과
명도(明度) 조금씩 다른 노랑색들을 부어놓고
이따금씩 분홍색도 칠해놓고,
마구 끼여드는 차에 사나워지려다 만 인간의 속을
늘 푸른색으로, 출렁대는 시간으로, 칠해놓고.

2

차에서 내려 자물쇠를 연다.
조용하다.
하늘에 뜬 새도 없다.
눈을 한번 감았다 조심히 떠도

이천 평 농장 안이 온통 조용.
꽃다지도 피어 있고 민들레도 피어 있다.
저기 어린 왕자 복수초꽃은 숨어 있고,
때이른 씀바귀꽃은 조심히 열려 있다.
세상이 온통 초록색과 노랑색, 그 색깔을 좇다가
쌍둥바람꽃 밑에 쉬고 있는 도롱뇽을 만난다.
정말 오래간만,
너무 빨리 헤어지지 않기 위해
슬몃슬몃 다가가 발로 그의 등을 밟는다.
인간의 것보다도 더 영리해 보이는 그의 눈,
좀더 세게 밟아도 변치 않는다.
그 눈에서 무언가 흘러나와
(도롱뇽 눈물?)
점점 커지다 그의 눈보다 커지다
나를 흐린다.
발을 들어도 그는 움직이지 않는다.
봄이 들끓는다.
꽃다지도 말을 하고 민들레도 속삭인다.
저기 어린 왕자 복수초꽃도 흥얼대고 있구나.
때이른 씀바귀도 턱들을 한치 더 올리고 있다.
세상이 온통 색깔 만발,

짧은 비 오려는지 하늘이 살짝 찌푸렸는데
농장은 구석까지 마냥 환하다.
노랑나비 하나가 날아가고
또 한 마리 뒤따라가고
밑을 보니 도롱농이 자취를 감췄다.

3

정성들여 지은 거실 겸한 정자에 들어가
창을 열어놓는다.
바람이 한번 불고
비가 내리기 시작한다.
주인처럼 앉아 골똘히
봄밭에 무엇을 심을까 걱정해본다.
고추를 심을까,
온통 씀바귀를 심으면,
붓꽃을,
아니, 죄 풀밭으로 놓아둬?

4

실비가 멎었다.
운동화 주워신고 지하수 펌프에 가서
경중경중 뛰어본다.
아랫도리가 가볍게 젖는다.
네댓 개의 작은 무지개가 동시에 젖는다.
뛰어오르는 위치에 따라
색감 바꾸는 무지개들.
경중경중 띈다.
이번엔 어린것하고처럼 젖은 자미(紫薇)나무와 손 잡고
경중경중 띈다.
무중력 상태!
저기 지구가 굴러온다.
뉘 알리?
지금 혹시 지구인을 만나면 화닥닥 놀라
그의 마음속에 머리 박고 숨으리.

산벚꽃 나타날 때

물오른 참나무 사이사이로 산벚꽃 나타날 때
더도 말고
전라북도 진안군 한 자락을 한나절 걷는다면
이 지상(地上)살이 원(願) 반쯤 푼 것으로 삼으리.
장수 물과 무주 물이 흘러와 소리 죽이며 서로 몸을 섞는
죽도 근처
아니면 조금 아래
댐의 키가 조금씩 불어나고 있는 용담 근처.
알맞게 데워진 공기 속에 새들이 몸 떨며 날고
길가엔 조팝꽃 하얀 정(精) 뿜어댈 때
그 건너 색깔 딱히 부르기 힘든 물오른 참나무들
사이사이
구름보다 더 하늘 구름 산벚꽃 구름!
그 찬란한 구름 휘장들을 들치고
한번 안으로 들어간다면.

꽃 들

1

세상 갈수록 캄캄해
며칠내 허방다리 피해 발끝만 보고 다니다가
마음먹고 언덕에 올라 큰대(大)자로 누워도
마음 계속 팔다리 옹크린 형상일 때
훌쩍이듯 간간이 몸 뒤척일 때
속삭이는 소리
그게 태어나기 전 바로 네 모습이다.
속삭이는 소리

금(金)의 어머니 양지꽃.

2

설악산 쌍폭 물 휘도는 소에 빠졌다가
젊은이 하나가 살아나왔다.
헤엄을 안 쳤다고
그냥 머리 옹크리고
두 손으로 다리 오므렸다고
몇 바퀴 돌리다

물살이 몸을 슬쩍 가장자리에 대어주더라고.
자세히 볼수록 힘 덜 쏨이 힘으로 바뀌는

꽃잎 무게를 모두 땅에 내어준
금강초롱꽃.

3

보길도 세연정에서
소설가 임철우가 길섶에서 잘라 건네준 몇 줄기 꽃.
"이 꽃은 80년 장도(長島) 숨어살 때 저였습니다.
보이는 듯 안 보이는 듯 사니까
글이 씌어지더군요."

흔한 꽃냄새 하나가 일순 인간의 숨을 멈추게 한다.
인동꽃.

4

하늘 가득 별꽃 만발한 포천군 지장산 민박집
밤 이슥히 술 세계를 같이 거닐다

세상의 경계들을 허물고
뭇별 핀 들판으로 나가다
희미한 별이란 결국 먼 별일 뿐이라고
하품과 함께 몸의 긴장 풀고
시인 조정권 하혈하다.
그의 흰 바지에

별들의 눈물 제비꽃.

햐쿠타케 혜성

―마종기에게

장욱진은 까치를
공기 속을 온몸으로 헤엄치는 새로 그렸고
공기가 물보다 더 진하다는 건
오리온 성좌가 매년 흐려지다 드디어 흔적으로 남는
아파트에 살면서 알게 되었다.

오늘 저녁엔 일부러 8층 층계를 걸어서 지상(地上)에 내려왔다.
별들이 숨어버리든가 어디 가버린 하늘 속에서
일본인 햐쿠타케가 발견한 혜성이
북두칠성 부근에서 천연스레 헤엄치고 있구나.
멀리 명왕성 밖에서 날아와
이 지구 근처에서 며칠 묵다 가는 그 무엇이 지금도 있다니,
물보다 진해진 공기 뚫고 빛나는 그 무엇이.

내린천을 찾아서

창촌 양양간 56번 국도
아스팔트 포장 일보 전
강원도 내륙 지방은 흐리다 맑겠음.
낮 최고 기온 춘천 영하 8도 홍천 영하 9도
지형에 따라 눈보라도 치겠음.

내 마음의 줄을 한참 잡아다니면
마지막으로 끌려나올 지명(地名)의 한 가닥
시간이 아직 백 줄기의 혓바닥으로 여울지기도
하릴없이 몇 달 얼어 있기도 하는 곳
내린천을 찾았다.

십 년 전 맨몸으로 헤엄치고
맨입으로 마신 강물
얼은 채 그냥 남아 있음.
십 년 전처럼 버스가
그림자처럼 강을 끼고 지나감.
발 밑에서는 십 년 전의 벌거벗은 나와
바위 밑 자갈 사이에
퉁가리 꺽지 돌마자 수수종개
벌거벗고 자고 있음.

발을 굴러도 깨어나는 기척 없음.
그 기척 없음을 찾아
짧은 겨울날 다섯 시간을 달려왔음.

눈보라가 일었다.
불 붙이기 싫어
라면을 끓이지 않았다.
딱따구리 나무 쪼는 소리 이따금 울릴 뿐
마을에도 겨울엔 밥집이 없었다.
눈보라가 두 손바닥으로 눈을 가렸다 열자
찬란한 산들이 기척 없이 출몰했다.

꿈 1

어젯밤 김수영 선생
삭발 후 반쯤 자란 머리 긁으며
요새도 명동에 눈이 내리는가 물었다.
아 술집 '은성' 문 앞에서
같이 훌훌 털던 눈송이들
문등(門燈) 동그란 빛 속에 잠시 젖어 있던
두 개의 얼굴.
"요새는 회색 눈이 내립니다."
"고급스러운 눈이군요."

꿈 2

보름 전 꿈.
대구 피난 시절
칠성동 미군 부대에서 받아온 양담배 초콜릿 껌 좌판
한꺼번에 순경들이 내동댕이치고
동생이 울고
흙탕 위에 흩뿌려진 원색의 상품들.
아 저 황홀, 잭슨 폴록!

상품(商品)이여, 해방된 상품이여.

꿈 3

4년 2개월 간 연구실에서 동거,
작년 사별,
석곡란, 1989년 2월 이전 어느 날 생(生),
간밤 꿈에 찾아왔음.

사 년 동안 꽃 한번 피우지 못하고 가 미안타고?
그건 물과 비료 제대로 주지 못한 내 잘못인데,
햇볕 알맞게 부어주지 못한 내 잘못인데, 온통 내 잘못인데.
혹시 나를 데리러 온 건 아니겠지.
아니 그냥 한번 찾아오고 싶어 왔다고?
나 세상 떠나는 날 마중 나오고 싶다고?

지옥 입구가 온통 찬란해지리.

꿈의 꿈

지난 몇 해 이맘때쯤이면
어김없이 찾아오는 빗소리.
아침부터 시작해서 낮을 보내고
오후에도 잊힌 듯이 내리는 빗소리.
오늘은 연구실 창밖 까치집을 적시고
그 밑에 새로 준공한 아랫집도 적시고
보이지 않아도 몸 뒤척이는 까치 새끼들
바알간 발톱까지 적시고
발톱에 묻은
거미줄 남은 한 가닥까지 적시고
더 적실 것이 없어
그만 맥을 놓아버린 빗소리.

발 하나쯤
시간 밖으로 내어놓은 빗소리.

어도(漁島)

　어도는 없었다. 이번에 어도에 가서 홀연히 알았다. 십 년 전 어도, 뇌세포 온통 파스텔 원색으로 물들이던 파란 보리밭을 앞치마처럼 두르고, 하늘에 흰구름 딱 한 점 띄웠던 섬, 동력선 하나 활기있게 헤엄치던 섬. 보리밭 뒤로 신록이 마음 졸이게 박혀 있고 그 속에 종다리 몇 마리와 집 몇 채가 숨어 있던 섬. 영화 「안개」의 로케 장소 조그맣고 흰 교회당 앞을 지나면 꿈처럼 떠 있던 섬. 시화 방조제 쌓은 후 자동차 길이 났다.

　승용차로 건넌다. 길 양편엔 소금꽃 한없이 핀 뻘, 보리밭도 없어지고 동력선도 뻘에 올라 오그라들어 있었다. 집들이 모두 앞으로 튀어나왔고 하릴없이 떠 있는 구름장도 없었다. 어도는 없었다. 십 년 전처럼 있는 것은 이제 곧 사라질 '어도 횟집'의 저 억양 하나 없는 멍텅구리매미 소리뿐, 그 소리 넘어 소금꽃 넘어 육지가 된 대부도가 누워 있었다. 이제 어도에 남은 것은 아무것도 없다. 중국 남쪽을 덮친 태풍의 옷자락이 스쳐가며 횟집 금잔화 화분을 뒤엎고 냉장고의 문들을 활짝 열어 얼어죽은 고기 십여 마리, 식은 소주 십여 병, 그리고 이름을 알 수 없는 동물의 내장(內臟)들을 보여주었다. 나는 어도를 찾고 있었다. 바람의 방향이 바뀌며 냉장고 문들이 모두 닫혔다. 멍텅구리매미 소리의 억양이 반음 낮아지고, 천천히 시간의, 그지 시간의, 본색(本色) 하나가 소리없이 머리 위를 지나갔다.

시골 우체국

──94년 가뭄, 천승걸에게

  지도에서 막 사라지려는 권상로(權相老) 현판의 절 하나 찾기 위해 소백산맥 남쪽 기슭을 오르내리다 잠시 전화 걸려 들른 시골 우체국, 직원 하나가 하도 친절킬래 일부러 마음 내려놓고 편지를 쓴다. 오늘 날씨도 흐리려다 말았다. 모든 활엽수들이 입을 벌리고 서 있다. 시골 포장도로 끼고 흐르는 개울엔 물이 기어다닌 흔적도 없다. 그 직원이 입에 손 살짝 대었다 떼듯 부드럽고 단단한 미소 지은 우체국은 접시꽃으로 잘못 볼 뻔한 마음 편한 부용(芙蓉)꽃과 잔꽃들을 모아 넉넉한 꽃이삭을 만들고 있는 부처꽃으로 장엄(莊嚴)되어 있었고, 바람이 꽃 이파리만 가볍게 흔들었고, 매미가 삼중창으로 울었다. 눈 한번 감았다 뜨면 단층 우체국이 그 자리에서 위로 떠오를 것 같다. 지그시 눈을 감는다. 그 직원과 우체국이 우주 영화 전광 속처럼 번쩍이며 사라지고 사방에 소백산맥에는 보이지 않던 설산(雪山)들이 소리없이 솟아올랐다.

이 무더위 속에

뼛속까지 얼어붙어
양손 손가락 모아 입에 대고 호호 불다
마지막 호호까지 얼어붙어
법당에 들어가 목불상(木佛像) 부축하고 나와
팰 때 불 쪼이고 살아난
당나라 중 단하(丹霞)*를 생각하며
이 무더위 속에
지하철 공사하느라 온통 땀 흘리는 건물들 사이로
총신대역까지 걸어가노니,
얼굴 바로 앞에
호호 불던 그의 마른 나뭇가지 같은 손가락들……

* 단하 천연(天然) 화상은 당나라 선승으로, 낙양 혜림사에 머물던 어느 겨울 하도 추워 본당의 목불을 꺼내다 불을 지피고 견뎠다. 그 절 원주(院主)가 달려와 부처를 태운다고 질책하자, 그는 "나는 사리를 얻으려고 한 걸세." 했다. 원주가 "목불에 무슨 사리가 있겠소?" 하며 대들자, "사리가 없다면 어찌 부처라 할 수 있겠소?"라고 대꾸했다.

1996년 8월 13일 밤 태풍 커크 방향 틀다

남태평양에서 매년 태어나는 70여 척 태풍 가운데 많은 것이
바다에서 태어나 바다를 헤매다 바다에서 죽고
몇몇은 일본에 상륙해 옥쇄하고
몇은 중국에 들어가 열대 비바람이 되고
두엇이 한반도에 쳐들어온다.
그렇지 않아도 연천 철원의 망측한 수재 현장
소들이 지붕 위로 올라가 물을 내려다보며
깊은 생각에 잠겨 이마 주름살 조이는 광경
이틀이나 지켜본 마음
이번엔 커크 북상한다는 말 듣고 계속 졸이던 마음
그가 오키나와에서 문득 진로를 동북으로 틀었다는 말 듣고
그럼 내가 한번 태풍으로 태어났으면, 상상해본다.
섬과 섬 사이에서 눈 하나로 태어나
점점 자라며
지구에서 제일 크고 아름다운 바다를 신명 들려 헤집고 다니다
어디서나 방향 틀어
방수 처리 잘 된 어느 땅에 상륙하여
몸 털며 인간의 산야를 한번 쓰다듬고
슬쩍 열대성 저기압으로 몸을 바꾸는
태풍
혹은 몸 바꾸기 전 힘 빼고 해남 대흥사쯤에 들러

유선여관에서 하룻밤 머리맡 물소리에 자다 깨다 하다가
잠결에 일주문이나 하나 부수고
새벽녘 가벼운 잠으로 녹아버리는
사라져 몹쓸 이름만으로 남는
태풍.
이 바람 한 점 없는 열대야 보름째.

걷다가 사라지고 싶은 곳

> 어느샌가 내 생애는 이상한 여행들이 되어 있었다.
> ——1995년 일기에서

1. 대천 부근 뻘밭

핑크 시대 피카소가 방랑하는 광대 무리를 모아
몸짓 표정 그리고 슬픔의 따스함을 심어주다
가운데 엄지 꼭두의 다리 하나를 잊어버리고
다음 캔버스로 건너가고 말았듯이
이즘 여행에서 나는
엄지 지명 하나쯤을 안 갖고 돌아온다.
대천행! 여행에서 나는 뻘을 걸으며
더 갈 수가 없어
오랜만에 수평선과 이야기를 나누고
(아 물결이 만들어주는 내 지구의 모습)
능쟁이 황발이 똘창이 바카지
온갖 쬐그만 게들을 다 만져보고 오며
정작 뻘 이름은 안 갖고 돌아왔다.

오 뻘이여,

물결의 고향,
우리 정신의 진한 곳, 하늘의 무르팍이여.
능쟁이 황발이 똘창이 바카지
걷다 보면
머리 위 구름은 말없고
꼬마 게들만 나를 알아보는 곳.

뻘 바위 위에 앉아 있는
나를 잊어버리고……

   2. 울진군 소광리 길

오늘 우연히 지도 뒤지다가 기억 속에 되살아난
소광리 길
봉화에서 불영 계곡 가다가
삼근(三斤) 십 리 전 왼편으로 꺾어 올라가는 길
잡목 속에 적송들이 숨어 숨쉬는 곳.
차 버리고 걸으면
냇물과 길이 서로 말 삼가며 만드는
손바닥 반만한 절터 하나도 용납 않는 엄격한 풍경.
자꾸 걸으면 길은 끝나지 않고

골짜기와 냇물만 남는다.

고목(枯木) 덩이 같은 쏙독새 한 마리
한걸음 앞서 불현듯
새가 되어 날아갈 뿐.

3. 정선군 가수리 길

어느 여름 아침 평창 미탄에서 정선읍 들어가기 전
가수리 길 입구 광하에서 버스를 내려
정선군 강물 다 긁어모아
영월로 흘러가는 조양강 따라 걷는 길
언덕마다 허연 밤꽃
마을마다 천궁 냄새
강 건너 중국 산수화에 나오는 산들 차례로 지나가고
장마 때면 떠내려가는 나무 다리 몇 채
건너는 사람 없어 하릴없이 건들거리고 있는 곳
그 마지막 건들거림 끝나면
강물이 사행(蛇行)하며
마음속에 질탕한 곡선 하나를 그어주는 곳.
마음이 몸 빠져나와 두어 길 높이로 떠서

걸어오는 나를 보는 곳.

마음 빼앗기고
일회용으로 건들거리며 걸어오는……

4. 안성군 청룡사 뒷길

멋대로 구불구불 울퉁불퉁 자란 둥치 나무를 기둥으로 쓴
힘찬 청룡사 대웅전을 한번 쓰다듬어보신 일이 있나요.
절 뒷산 위에 홀로 서서
줄타기하는 구름을 보셨나요.

돌아오는 길에 차 세우고
가파른 계곡 내려가
개울 건너 언덕을 오르면
바로 청룡사 뒷길
광대 시신은 동네 앞을 지날 수 없다고 막아
청룡사 동무 광대들이 어깨에 떠메고 뒷산을 넘어
개울 옆에 수장(水葬)시킨 조선 말엽 줄타기 꼭두쇠 바우덕이
그네의 무덤.
바우덕,

그대 징검다리 버리고
줄타고 아슬아슬 건너는 개울 위로

햇빛 방울들이 모여들어
마음놓고 쌍무지개 한 마당 거는 곳.

 *『풍장』을 끝내고 쉬고 싶었다. 아무 일도 않고 며칠을 보내든가, 훌쩍 어디 다녀오든가. 그러나 『풍장』을 마무리짓는 동안 미루어둔 일들이 겹치고 겹쳐 가을 학기 개강 이후 짧은 여행 한번 못 하고 그 어느 때보다도 바쁜 나날을 정신없이 두어 달 보내게 되었다. 이 시들을 쓰는 이 시간은 막 단풍철의 금요일. 단풍이 없다 해도 서울을 벗어나면 하늘과 산이 좀 맑은가. 그러나 다음주 수요일까지 달력에 쳐 놓은 예정표 동그라미들이 촘촘하다.
 바쁘기 때문에 더욱 시에 매달리게 되는 성정 때문인지, 여행을 못 해 여행 모티프가 더욱 절실해졌는지. 여행지에서 거둔 시 네 편을 내놓는다. 「걷다가 사라지고 싶은 곳」 네 곳은 혼자 가도 좋고 몇이 가도 좋고, 몇 번 다시 가도 한 번 가고 그만 버려두도 좋은 곳이다. 대천 부근 뻘밭의 공간을 새로 만나게 해준 안학수, 소광리 길을 같이 스며들어간 김명인 이하석 송재학 외 여러 친구들, 가수리 길에서 살아 있는 한국 산수화들을 다시 보고 지천으로 달려 있는 오디를 포식한 임영조 전윤호, 독특한 절 청룡사 길의 내부를 보여준 김윤배 들과 또 한번 그 길들을 걷고 싶다.
 몇 년 전 나는 봄이 한창일 때 "오색(五色)에서 민박하다 세상 뜨고 싶다"고 시에 적었다. 봄이 아니라도 위 네 곳은, 비록 민박집도 없으나, 사람을 황홀하게도 적막하게도 만드는 곳이다. 그 황홀과 적막을 찾아, 밤 아홉시 반 지금 당장이라도, 고속버스터미널행 마을버스를 타거나 차에 시동을 걸고 싶다. (1995년 가을)

영하의 베란다에 양란 피다

누구에게 속삭일까
이 부끄러움.
한란으로 알고 베란다에 내어놓은 양란
다른 풀들 속에 숨어 있다가
눈감고 동상 걸려 웅크리고 떨다가
오늘 영하의 베란다에서 엉거주춤 고개 들고
꽃을 피웠다.

난분 가슴에 안고
아파트 속을 뜻밖에 서성이며,
생각 속을 더듬어본다.
내 마음 준 것 가운데
자리 잘못 받아 떨며 사는 것은 없나,
혹시 피 흘리는 것은?
베란다 속 영하에 마음놓고 얼지도 못하고.
마음을 얼리지 못하고
마음을!

독일 시편

1. 바트 호네프의 종소리

밤중에 깨어 탁자 더듬어
찝찝한 광천수를 마시고
다시 잠 못 드는 머릿속으로
다섯시부터 십오 분마다 울리는 종소리
귀기울이면 다른 성당의 종도 울린다.
절에 자며 들은 범종 소리보다 가벼워
소리들이 금세 눈웃음친다.
산책길의 잔디 속엔 흰 난쟁이 국화들이 숨어
종소리에 고개를 갸웃대곤 했다.
아침마다 빠짐없이 비 추적거리는 이 늦가을 이 아침에
종소리마저 없다면
어이 산당, 어이 산당?
저 잎 버리고 말없는 한없이 큰 보리수들 사이에서
어이 산당?

2. 라인 강

강변에 라면 봉지 소주병 하나 없어
맥주병 레이블 조각 하나 없어

마음이 안 놓인다.
어디 놓을, 어디 놓을,
이 마음 어디 놓을?
소리 하나 없는 물 위로
그림자처럼 페리배가 건너온다.
경치 생각해 다리를 적게 놓아
덩치 엄청 나룻배들이 나루마다 떠다닌다.

가을비 가늘게 내리다 말고
본 시(市) 쪽 하늘이 강물 위에 떠오르는구나.

베토벤이 어둑한 베토벤 하우스를 빠져나와
본 포대(砲臺) 위로 올라간다.
소리없이 화승포가 터진다.
저 멀리 용(龍)바위 산이
소리없이 물 위에서 꿈틀댄다.
그의 귀가 꿈틀댄다.
아직 나뭇잎을 몇 달고 참고 있는 독일 참나무가
그 큰 잎으로 그의 귀를 가린다.

3. 에바 아에플리*

본 시립 미술관 특별 전시실에서 만난
북구 출신 에바의 살아 죽어 있는 사람들
죽어 살아 있는 사람들
인간이라는 표정 하나만으로
만나고 헤어진 사람들.

아 저기 희랍 비극의 잊혀진 합창단,
아 여기 단테 지옥의 한 귀퉁이,
아 저편에 지상에 잘못 올라온 연옥인(煉獄人)처럼
타다 만 얼굴들.
그리고 나이 든 등나무처럼
한 의자에 한없이 같이 앉아
소리없이 시들어가는 애인들도.
그 인간들 뒤에 숨어
아무리 분칠해도 인간의 얼굴인
인간들 뒤에 숨어
에바 아에플리,
혹은 숨죽이고 내리는 라인 강변의
늦가을 비.

4. 베를린의 반 호(湖)

베를린 숙소는
반 호(湖)변의 '문학인의 집'
아침 산책이 바로 반 호의 굽이
호숫물이 늦가을 안개비 속에
빙하 시대처럼 고여 있다.

우리는 슬픔을 줄이며 살았다.
때론 브레히트도 숨죽여 읽었다.
(살아남은 자의 슬픔)
남이 눈여겨보면
뒤돌아서기도 했다.

여기서는 슬픔을 그냥 얼리면 어떨?
빙하 시대 개 같은 회색빛 셰퍼드에 끌려 걸어가는
노인의 등뒤로 물 위에 뜨는
청둥오리들도 회색빛.

여기서는 슬픔도 그냥 냉동하면 어떨?

5. 쿠담의 까마귀떼

옛 동베를린을 '보리수 밑 거리' 하나로 스치고
박물관의 수많은 대리석상들을 이차원으로 줄여 스치고
사라져버린 베를린 장벽을 더 줄여 한눈으로 스치고
장벽 넘다 총 맞아 죽은 젊은이들의
국화꽃 놓인 작은 비(碑)들도 점 몇 개로 스치고
고트프리트 벤이 진치고 살았다는 쿠담에 들러
체코 출신 다다이스트 시인 리하 교수와
크란츨러 커피숍
다다이즘과 관계없는 날씨와
날씨에 관계없는 커피 맛에 대해 얘기할 때

갑자기 유리 천장 가득 뒤덮는 까마귀떼
히치콕「새」의 주인공들보다 더 생생한 까마귀떼가
겹겹이 접근하고 물러서고 접근한다.
반 고흐의 밀밭 까마귀들이 그림마다 사라져
한데 모여 열배 백배로 늘어 공중에서 휘돌며
캄캄한 독일 병정들이 된다.
부리로 유리를 쪼을 만치 다가서다
방향 바꾸는 놈

다다 저 다다다,
또 한 떼 달려들어 나도 모르게 두 손을 마주잡아.
저놈 봐!
뒤처지는 놈 하나,
한 날개 절 듯 나르는 맵시 어색하고
(나도 한때 무리에서 처져 다녔지)
허나 용케 방향 바꿔 솟아오른다.
두 눈 거두고 두 손 풀어
커피잔을 쓰다듬는다.
알맞게 식었구나.
(종소리 들린다
풀 속에 숨어서 고개를 갸웃대는 들국화들,
어이 산당, 어이 산당)
눈을 창에 돌려준다.
까마귀떼 풀린 저 대리석 하늘
커피 한잔 더.
어이 못 산당?

  * Eva Aeppli: 스웨덴 설치 미술가. 1994년 11월 본 시립 미술관에서 전람회를 열고 있었음.

세잔의 정물화

바깥은 봄저녁 천천히 내리는
훤한 비
창 반쯤 열어준 베란다 바닥을 적시고
꽃 막 핀 문주란과 벤자민나무 분을 적시고
지난 추위에 간신히 살아남은 귤나무를 적시고

벽에는
세잔 회고전 때 파리서 모시고 온
복사품 정물화 속 사과들이 경사진 식탁보 앞자락에서
저마다 그림자를 끌며
누군가 보 잡아다닐 이 오는가 오는가
귀기울이다가 기다리다가
무심코 보 아래로 쏟아져내리기 일보 전.

나도 그림자 하나를 끌며
식탁보 한 자락에 붙어 살다가
훤한 저녁 빗소리에
아직은 아직은, 속삭임에
귀기울이다가 기다리다가
방바닥에 내동댕이쳐지며 한번 제 맛을 봐!

봄바다에서

노량서 시작한 술 끝내니 통영,
한려수도를 마음속에 넣고 놀았구나.
갑판에 소주병들 멋대로 누워 있고
소리없이 봄저녁이 와 있다.
사방 파도들 석양(夕陽)에 젖어
우리 마음에서 빠져나가고 싶다는 듯
손바닥을 밖으로 밖으로 젖히며 천천히 너울댄다.
(나도 내 마음에서 너울대며 빠져나갔으면!)
여기서 그대 그만 내리게.
바다 위에 큰대(大)자로 누워 나는
알맞게 어두워 '내'가 안 보일 장승포로 가겠네.

어느 훗날의 시 1

동안(童顔)으로 늙은 얼굴 하나
벤치 한끝에 앉아 있다.
잔디 듬성듬성 문드러져 있는 발 밑에
녹지 않은 눈 몇 점 묻어 있는 땅 위에
수척한 조그만 새 하나
무언가 쪼으며 걸어다닌다.
발가락이 빨갛게 춥다.
신문지 한 장이 날려고 날아보려고 애쓰다
뒤집힌다.

어느 훗날의 시 2

어제 연천에 가서
혼자 걷다 돌아왔네.
연락 없이 세상 떠돌거나
그만 깜빡 세상 떴거나
인제 소식 없는 친구들 흩어져 사는 서울을 떠나
하늘이 좀체 새파래지지 않는 서울을 떠나
시외버스에 몸을 싣고
더 멀리는 못 가고
하늘에 구름 걸려 있는 마을 초입에서 내려
한참 걸었네.
밭냄새들이 서로 다른 것을 다시 알아보고,
흰나비들과 무꽃이 만났다
산뜻하게 헤어지는 것을 유심히 보고
한참 절며 따라오는 누렁이와
얘기를 나눴네.
아프면 병원에 가라고.
약사불이 거기 계시다고?
안 계시면?
어제 문득 연천에 가서.

어느 훗날의 시 3

이번 여름엔 푸른색을 다 써버렸습니다.
겨울꿈용 종자 푸른색도 남겨두지 않았습니다.
산도 푸르고
산 위에 뜬 하늘도 푸르고
물도 푸릅니다.
만나는 젊은이들을 모두 푸르게 칠했습니다.

이제 그들과 헤어질 때가 되었습니다.
까르르 웃음 웃는 강의실과 강의실 사이를 떠돌다가
갑자기 캄캄해지며 늦여름 비 오는 기척에 놀라
이름 채 익히지 못한 풀들에게
마음에 남은 푸른색을 모두 넘겨주고
그 풀 이름 다시 혀에 맴돌기 전에……

어느 훗날의 시 4

누군가 기슭에 배를 댄다.
아는 얼굴인가 싶어 한 발 내딛다 만다.
기다렸다는 듯이
덩굴손 하나가 풀린다.
햇빛 쪼이고 싶어서겠지.
나는 기슭에서 서성댄다.
공기를 주세요.
나무들이 가구(家具)가 되어 온몸에 니스 바르기 전
공기를 주세요.
햇빛이 일곱 가지 색깔로 찬란히 들어 있는
공기를 주세요.
마시면 입천장과 혀를 녹이고
기도(氣道)를 확 녹일
그런 환장할 공기를.

어느 훗날의 시 5

가을밤
알아듣기 힘들지만
풀벌레들의 말을 한참 엿듣다 보면
스르르 귀가 풀린다.

더듬이 끝이 치웁다고
여섯 개의 발끝이 간지럽다고
허나 마음은 한없이 맑다고
이 쬐끄만 마음속
추억의 한 가닥이 이제 다 여물어
씨 되어 튕겨나간다고.
이 광활한 우주에
눈 열어놓고 사는 별 왜 없으랴고.

그 누구가 이처럼
소리로 청량하게 알릴 것인가
이 우주의 가을 한 자락을?

무서운 우연

——이상택에게

간호사도 다녀가고 모두 서둘러 인사하고 자리 뜨자
아버지가 물었다.
"뉘기신데 다들 갔는데 남아 계시지요?"
그대는 대답했다. "저는 맏아들입니다."
"나에겐 당신 같은 아들 없는데요.
여하튼 감사합니다.
말씨 귀에 익은데, 혹시 고향이 어디신지?"
"경남 거창입니다."
"아 나하고 고향이 같군요."
"제 출생지는 함경남도 길주 대택이구요."
"대택, 내가 오 년 동안 역장으로 있던 곳.
시월 중순부터 큰눈 내려 사방 막막히 막히던 곳,
눈과 하늘만 있던 곳,
(젊은 날의 큰눈이 아버지 얼굴에 적적한 홍조를 만든다)
동향인이 그 사람 드문 막막한 곳에서 태어나셨다니,
참 우연이란 무섭군요."

* 얼마 전 국문과 동료 이상택형이 치매에 걸린 아버지가 돌아가시기 전 간호할 때 한 이야기를 윤색해서 초잡아두었던 시이다. 며칠 전 저녁 무렵 삶 자체가 막막한 곳이라는 데 생각이 미치자 그와 그의 아버지 사이의 우습고도 슬픈 대화가 마음 가까이 떠올랐다.

뉴질랜드에서 돌고래들이

뉴질랜드에서 돌고래들이 집단으로 해변에 상륙
모래에 머리 박고 잠자듯 자살한다.
텔레비 화면 가득
사람들이 편을 짜서 바다 쪽으로 내몰지만
기쓰고 올라와 죽는다.
돌고래가 육지에 오르는 건
인간이 바다에 뛰어드는 것과 같지 않으랴.
어느 오후 인간들이 떼로 바다를 향해 달려간다면.
아 바다!
저 헤엄치는 섬들, 장난감 같은 배들,
방책이 무너지고
벗겨진 신발 여기저기 튀어 날며
시간이 터진다면!

피렌체 시편 1

달빛에 마음 휘듯
도시의 빛에 목이 휘면
우산 막 휘둘러 쫓아버린
소매치기 집시 거지 애들도 귀여워 보인다.
르네상스초(初) 피렌체 플로린 금화가
근대(近代) 거지들을 창조했지, 아마?

두오모 성당까지 가지 않아도
가는 길은 자꾸 걸린다.
인간이 신에게 창조당한 물증들
백색 녹색 핑크색 돌로 치장한 신(神)의 집들
그것으로 모자라 두오모에는
건축가 브루넬레스키가 제단 위에 띄워놓은
저 장엄 궁륭.

좀 조용한 곳
소박한 크로체 성당도 길을 가로막고
성당 안의 미켈란젤로의 무덤
매서운 얼굴 벽에 걸어논 단테
마키아벨리가 쉬는 곳도
도나텔로의 십자가도 가는 길 가로막는다.

저 엄청난 손에 창조당한 자들.

피렌체의 2월 초순 진득한 추위
바바리 깃을 세워 막으며 막으며 걷는 나를
구둣집 골목길마저도 가로막는
돌 가지런히 박힌 도시의 바닥을 더듬어 다니다가.

피렌체 시편 2

거창한 유적들이 보이지 않는다.
아내 잠시 잠든 사이
몰래 우산 들고 호텔을 빠져나와 술집에 들른다.
유적들
이름 있는 자의 건물이 아니더라도
사실인가 수상치만 단테의 생가까지 곁들여서
멋지고 힘찬 건물들
골목을 돌 때마다 계속 출몰하는
뿌리칠 수 없는 저 장엄들,
저 장엄 미사!
이월달 밤 잔비 뿌리는 피렌체 술집에선
빗소리 속삭임 속에 그림자처럼 사라지고
성(聖) 스피리토나 카르미네처럼 작고 예쁜 성당들이
정답게 포도주 잔 옆에 둘러서서
잔을 흔들라고 한다.
카르미네 성당 입구 기둥에선
최신 수영복 차림으로 막 낙원을 나서는
마사치오의 아담 내외.
속삭이듯 잔을 흔들어본다.
성당들이 잔 속에 들어와 흔들리고
흔들림이 멎으면

포도주 잔의 저녁 바다 같은 고요.
누군가 나를 한번 흔든다.
조그만 성당 한 채가 스테인드 글라스에 불을 켠 채
내 몸 속에 들어와 흔들린다.
저녁 바다 같은 고요.

피렌체 시편 3

구리색 청동색 탁주색 물
아르노 강변을 걷다 보면
라면 봉지 널린 한강과 입맞추고 싶어진다.
허나 강 위를 날으는 구름장들
조가비빛, 갈매기빛 구름장들
한강 상공 것보다 한껏 맑고 밝다.

  구라파 와서 노래방 찾지 마라
  쿵덕덕 쿵덕덕 쿵덕덕 쿵.

미켈란젤로의 다비드 상(像)은
왜 한 도시에 몇 군데나 있는지
도시의 내장(內臟) 전부가 내려다보이는 미켈란젤로 공원에
높이 올려논 것이 제일 뚜렷해 촌스럽다.
그가 쭈그리고 앉으면
바로 로댕의 생각하려 하는 사나이.

  구라파 와서 노래방 찾지 마라
  쿵덕덕 쿵덕덕 쿵덕덕 쿵.

오백 년 전 보티첼리가 그림 그릴 때 관청으로 썼던

우피치 박물관 한구석의 카푸치노 커피맛!
저기 보티첼리가 커피를 마시고 있구나.
삼백 년 전 정선(鄭敾)이 차 마시던 집은 어디 있는가,
이백 년 전 김홍도의 술집은?
장욱진의 용인 화실은 바로 재개발 지역!

    구라파 와서 노래방 찾지 마라
    쿵덕덕 쿵덕덕 쿵덕덕 쿵.

피렌체 시편 4

세상 뜰 때
잠시 들러가도 좋다고 허락된다면
(마지막 길이니 나 같으면
쾌히 웃으며 허락하리라)
하나는 정선 몰운대
하늘재 터널 뚫려 관광지 되기 전
이제는 추억의 몰운대?
아, 관광터 되고도 그리운 몰운대.
그리고 또 하나는
지도 들여다보면서도 계속 남몰래 길 잃는
이 피렌체 거리.
조그만 호텔을 나서 카페에 들러
독주(毒酒) 그라파 두 잔 거푸 비우고 다시 한번 길 헛들어
175년 걸려 지은 후 오백 년 늙은 두오모를 뜻 아니게 되찾아보고
제단에 걸어논 마이나노의 수척한 십자가 하나로 숙연해진
두오모의 마음속에 들어가 오랜 속병(病) 녹여보고
다시 오 분쯤 걸어
미켈란젤로가 성자(聖者)가 되지 않기 위해 눈 지긋 감고 일부러
비스듬히 누운 남자상 '새벽'을 미완(未完)으로 남긴
(호되게 창조당한 자만이 창조의 미완을 알리)
메디치 가족 성당을 마지막 눈인사하며 돌아본 후

돌 가지런히 박힌 골목길
이월달 바겐 세일 피혁점에 들른다.
이 지갑 저 가방 저 구두
미판매 가죽 제품들,
몸 어디에 가격표 붙일 곳 없는 존재들,
미판매, 미완, 미정, 이거다 되뇌며 나온다.
언제부터인가, 골목길이 골목길로 뚫리고
골목 위로 하늘이 뚫려 있다
아 봄 기운 담은 하늘이.

방파제 끝

언젠가 마음 더 챙기지 말고 꺼내놓을 자리는
방파제 끝이 되리.
앞에 노는 섬도 없고
헤픈 구름장도 없는 곳.
오가는 배 두어 척 제 갈 데로 가고
물 자국만 잠시 눈 깜박이며 출렁이다 지워지는 곳.
동해안 어느 조그만 어항
소금기 질척한 골목을 지나
생선들 함께 모로 누워 잠든 어둑한 어물전들을 지나
바다로 나가다 걸음 멈춘 방파제
환한 그 끝.

가을 어느 날, 바보처럼 1

어깨 구부정한 사내 하나
골목으로 들어간다.
단층 기와들이 하늘의 선(線)을 긋고 있는 골목
담장 위 나팔꽃 줄기 마음놓고 시들고 있는 집
세발자전거 하나 지친 듯 넘어져 있고
문 앞에 혼(魂)처럼 환한 국화분 하나 놓인 집
분에는 검은 띠.
사내는 문득 문을 두드리지 못한다.
전봇대에 철 지난 광고 그림
간신히 들치다 마는 가을 바람.
누군가 소리없이 폭발한다.
하늘이 주저앉으려다 일어선다.
고개 돌려보면 아무도 없다.
철 지난 광고 그림 간신히 들치다 마는
가을 바람,
바보처럼.

가을 어느 날, 바보처럼 2

안동군 천등산 봉정사
오백 살 먹은 늙은 기와집들이
(칠백 살 넘은 극락전도)
돌계단 뒤뚱뒤뚱 올라가
축대 위에 의좋게 모여 살고 있는 것을 보면
그래도 모여 사는 것이
흩어져 사는 것보다 낫다는 생각이 든다.
'그래도' 너무 바투 지어
고려 극락전 지붕과 조선 고금당 지붕이 겹쳐진 극락전 뜰에
아 가을이구나, 하기도 전
천등산 낙엽이 온통 쏟아져 굴러와
여기 구르다 발에 밟히고
저기 날다 용케 발 피해 혈연(血緣) 밝히고 눕거나
끝까지 굴러가 마당 귀에 무더기로 쌓이는,
쌓여 잠시 서로 몸을 숨겨주는,
바람 불면 무더기의 허리가 잘려
반이 또 어디론가 날아가버리는,
날아가는 곳 어딘지 통 보이지 않는 그런 가을날,
봉정사 뜰을 정신없이 걷다 보면,
바보처럼.

가을 어느 날, 바보처럼 3

길가에 금빛 가슴 들국화 몇 송이만 흔들리고 있으면,
이 말없는 가을날!

마을 우물까지 농약 냄새 풍기고
오염에 취해
고향 잊은 여름 철새들이 때늦게 방죽가에 어른거릴 때
하늘엔 구름 몇 점 놀고 있고
주위엔 엎드려 쉬는 놈도 있고,
땅 위엔 국화 몇 송이만 흔들리고 있으면
다른 무엇 더 없어도.
투명한 바람 속에
황금 벌이 들국화 황금 가슴에 내리며 머리부터 안긴다.
벌의 전신(全身)이 되는 꽃!
살맛 나는,
바보처럼.

제부도(濟扶島)에서

'이게 바답니까!'
황해 처음 만난 강릉산(産) 이익섭형이 내뱉은 말.
허나 썰물에 안개 걷히며
저 뻘
여기저기 돋아나는 섬들 입파도(入波島) 도리도(桃李島) 육도(六島)
저 뻘
갈매기 물떼새 걸어다니다 쉬고 쉬다 또 걸어다니고
사람들 조개 소라 찾아 자루 둘러메고
꼬챙이로 열심히 땅을 쪼는
저 뻘 속으로
동해에서는 보지 못한 사람 하나 나가고 있다.
양손에 아무것도 들지 않고
맨머리 바람에 날리며
빨리도 천천히도 아니게
저 봐! 섬과 섬 사이
빛의 띠처럼 둘러친 저 바다 눈부신 한가운데를 향해
발걸음도 고르게
사람 하나가.

고려 수월관음

저 등신대 고려 불화들,
얼굴과 법의(法衣)를 희미한 번짐으로 가리고
손 모양으로 자신이 누군가 들키는
저 석가불, 아미타불, 약사불,
사이에 수월관음 네댓,
각기 동그란 달무리 속에 목을 넣은 채
가슴 위에 만(卍)자 낙인 찍혀
감방 벽엔 듯
호암갤러리 벽에 등들을 기대고
말없이 앉아 있는 저 붉은 색조의 형상들.
이끼까지 붉게 비치는 물소리 들린다.
큰 귀들이 살아 있다.
그들은 씻고 있다
몽고군 말발굽에 짓이겨지는 송도, 비명 소리,
어둡게 타오르는 황룡사 9층탑을
흐르는 물에……

그 소리
돌아오며 신호등 앞에 속도 줄일 때
차 속에, 귀 속에, 핏줄 속에,
흐르는 그 물소리.

씻어다오, 찌든 정치, 찌든 돈, 욕지거리를,
이 찌든 살 덩어리를.
연구실 창밖에 매달려
어린 까치 드나들며 언젠가 고개 까딱 마음 설레게 한,
이제 빈집으로 버려진 까치 둥지를 씻어다오.
씻어다오, 그 둥지에 남아 있는 한 일상(日常)의 빛과 그림자를.
누군가 차 뒤를 박는다.
내려보니 범퍼 받힌 자국,
그냥 가라고 수신호한다.

그대를 어찌?

복사꽃 조팝꽃 산벚꽃 싸리꽃
꽃 물결 때문에
길들이 온통 뒤엉켰구나.
그 길에 엉켜 앞뒤 못 보고
아파트 거실의 찌든 살 한 덩이
떠돌지 않고 돌아왔다면
그대를 어찌?

가슴에 주렁주렁 꽃채 매단 큰 재 하나 넘으면
작은 재들 머리에 꽃동이 이고 떠돈다.
처음 보는 재도 낯익은 재 같아
벼랑 가까이 끌려가다 아슬아슬 놓여난다.
발 바로 앞에서 산까치 한 마리 현란히 난다,
벼랑이란 바로 날기 시작하는 곳.
그 날음에 눈 퍼뜩 떠져
벼랑 반보(半步) 앞
살떨림 한번 격하게 격하게 그대 몸 훑지 않았다면
그대를 어찌?

폭탄주 잔이 작아질 때

양재동 뱅뱅 사거리 채 못미처
매연 자욱한 지상(地上)보다는 그래도 공기 풍족한
지하 술집 '장유.'
가슴에 불발탄 쌍으로 매단 여자 잠시 자리 비운 사이
한번 자리 뜨곤 영 오지 않는 김현 얘기를 하다가
평론가 김치수가 내 가슴을 더듬는다.
늙은 사슴 마른 덤불 더듬듯.
(그에게도 이런 외로움이?)
이번엔 내가 그의 가슴을 더듬는다.
늙은 사슴 늙은 사슴 더듬듯.

눈앞에서 폭탄주 잔이 불현듯 작아진다.

취안(醉顔)과 취안을

양재동 술집 '장유'가 불어나
서초동, 압구정동으로 기어들기 전
혹은 작아져
성남 한 골목 속으로 졸아들기 전
어느 봄 며칠만
걸어 오 분 거리에 살고 싶다.
전신 골절상에 사지 절단당한 가로수들
눈 휩떴던 상처 가라앉아
죽은 듯이 살다가
건드려도 기척 없다가
뱅뱅 네거리 뱅뱅 매연 속에서
상처마다 도도히 취한 줄기와 이파릴 터트릴 때
산다는 게 바로 이거냐, 이 겨드랑 저 겨드랑 저 허벅지,
온통 도취의 생물감 터트릴 때
'장유'에서 나와 가로등 불빛을 받으며
일 대 일로 취안(醉顔)과 취안을 맞대고 싶다
기척 없이.

합천에서

그래, 서울보다 더 공기 나쁜 지옥에 가도 좋지만
소박한 술꾼들 소박하게 만나 하루 즐긴
즐기다 소박하게 쓰러져 잔 저 황강가
시인 박태일 생가에서 하루쯤 더 자고 가련다.
장마 사이사이 햇빛 속에
강산(江山)과 간장(肝臟) 환하게 물들이는 저 7월의 녹음
길 양편 꿈결처럼 피어 있는 자귀나무꽃 속으로 달려가.

이튿날 아침 슬래브 지붕에 올라가면
용 허리로 휘어 흐르는 강
저 앞벼리 뒷벼리
벼리 위 어찔하게 이글거리는
지글지글 타며 떠오르는
저 황금사자 머리.

잡 풀

여름날 연천읍 변두리
시인 조정권의 스무 평 일요농장에서 풀을 뽑는다.
잡풀 질긴 것은 미리 알고 있었으나
머리를 갈퀴처럼 땅에 뿌리박고 있어
뽑아도 뽑아도 드러나지 않는 풀의 얼굴
(마지막 얼굴 채 드러내지 않는 저 추억들!)
하나가 드디어 뿌리째 뽑히는가 힘을 주면
가슴 부분이 끊겨 땅 위에 나온다.
저편에서 허리 꺾고
열심히 풀 뽑고 있는 조정권을 흘끗 쳐다보고
고추 줄기를 대신 뽑으니
거짓말처럼 뿌리 끝까지 쉽게 빠져나온다.
세상 만물에 정신이 스며 있다면
잡풀에 고인 정신이 제일 끈질기지 아마.
인간의 허리를 꺾고
그의 손 힘을 시험하고
보이고 싶은 것만을 보여준다.
내 손을 피하려다 말고
풀 한 줄기가 손가락을 벤다.
허리 꺾고 휘어잡자 그가 낮은 목소리로,
"잡풀."

딴 방향으로 날다가

떠다니다 떠다니다 멈췄네
논산 가야곡면 쌍계사.
대웅전, 다섯 꽃 문살 이파리들
늦가을 비에 젖어 시들고
전기 촛불 속에서
나무 새 몇 마리 말없이 천장에서 날고 있는 공간
한 마리는 들보 건너에서 외로이 딴 방향으로 날고

딴 방향으로만 떠다니다
문득 걸음 멈춘 산도 길도 없는 곳
사방 어두운 구름 겹치고 가을비 치고
낙엽 떨어져 채 구르지 못하고 흙에 젖는
어떤 것은 날려와 섬돌과 기둥에 척척 들러붙는
뜯으려 해도 뜯으려 해도 뜯어지지 않는
질기고 긴 잎 날려와 다리를 감는
가을 한 저녁.

천 국

며칠 내 작품을 쓰고 지우고 쓰고 지우고
매듭 지어지지 않아

정선군 비행기재 앞
지도에서 놀고 있으나
땅에선 지워진 마을들 서천 동무지 마전 백운

쓰고 지우고 쓰고 지우고
꿈속에서도 쓰고 지우고 다시 쓰는
그런 곳.

지워진 마을을 지나며

오랜만에 듣는 저 딱따구리.
들어가보지 않아도 안다
어느 집 마당에
꽃다지가 별자리들처럼 모여 있는지.
어느 담이 해동(解凍)에 무너져
천천히 땅에 녹아들고 있는지.
어느 살구나무, 둥치는 마르고
곁가지 하나가 옆집에 넘어가 유령처럼
넌지시 피어 있는지.
어느 흙벽에 기어오르던 도마뱀이
도중에 죽은 듯 잠들어 있는지
흠집처럼.

빗금으로 내리지르는
보이지 않는 세월의 빗줄기

단풍 가운데도
산벚단풍
남들 앞에 나서지 않는
단풍잎 하나
우연히 눈앞을 스치며
속을 보이려다 말고
숨죽이고 마지막까지 마른
혈관 채 보이려다 말고
날아간다.

그래 속 보이지 마라.
그냥 바람이 좋아, 라고 말해봐라.
삶이 헐거워졌어, 라고.

뺨에 금 채찍!

눈부셔
들판 가득
생금(生金) 물결

사라지려는 꽃내음 하나 찾아 꽃집에 들어가
모든 냄새 놓치고 나오듯
금 물결 속을 걸으며
모든 빛을 놓친다.
금 이삭이 손등 쿡쿡 찌르고
바지 밑으로 들어와 종아리 찔러
시간이 금빛으로 졸아들고
당겼다 놓으면
금빛으로 출렁댄다.
논둑의 쑥부쟁이 한 무리가 출렁에 걸려
고개를 좌우로 흔들다 바로 선다.

출렁 위로 날으는 되새떼
몇 놈은 정신없이 옆으로 튀었다가
되튕겨 돌아온다.
나도 한번 마음놓고 가로 튀어,
아 뺨에 금 채찍, 이 찬란함!

금 속을 마음껏 걸었으니
내 이제 더 무슨 가난을 탐하리오.
미뤄둔 편지 오늘 모두 쓰리
장애 아동 기금에도.
오늘밤에는
뺨이 금으로 빛나는 꿈을 꿀 것이다.

동짓날 춘란 피다

덧없지만은 않다
올라왔다
춘란 꽃대궁이
사람 속에 보이지 않던 사람
사람들 머리 뒤로 넌지시 떠오르듯.

덧없지만은 않다
원인 모를 무릎 통증 며칠 내 끊기지 않을 때
잠귀 점차 가늘어지고
두 손으로 맞비빌 만큼
꿈들이 습도를 낮출 때

삼엽 프로펠러 속 두 귀 쫑긋 세운 꽃들
문 막 열고 피어
일곱시 반이 넘었는데도 창밖 캄캄한
동짓날

양 무릎이 환해진다.

어디선가 미리 본 것 같다

오밤중 전짓불 켜들고 화엄사에 오른다.
아무도 없음.
바람에 눈발 날리다 말고
뇌세포가 하나씩 불씨 켜드는 추위.
하늘의 별들이 땅 가까이 내려오다가
반절 높이에서
번쩍이며 꽃으로 피어
꽃송이 하나
네 사자탑 동산 뒤로 떨어짐.
바람에 눈발 날림.
각황전 앞 석등이 눈발을 쌀처럼 받으며 읊.
내가 쌀을 온몸으로 받으며 천천히 꼿꼿해짐.
슬그머니 전짓불이 나간다.

이 모두를
어디선가 미리 본 것 같다.

눈 내리는 오천성

언덕이 사라지고
성문이 눈에 묻힌다.
아 손바닥들이 하얀 돌계단
조심조심 짚고
돌성(城) 속에 몸 들이민다.
솔솔 눈 뿌리는 소리.

눈발 속에 덤불들이 사라지고
해송 머리칼들이 사라지고
드디어 자욱이 바다가 사라진다.
종이 상자 껍질로 창 막은 교회 하나
하얀 어깨가 자란다.
솔솔 눈 뿌리는 소리.

멧새 한 마리 눈앞에서
눈 털며 날아.
또 한 마리
눈 털며 따라 날아.
떠다니는 저 따뜻한 피들.
눈발이 굵어지고 새들이 사라지고
적막(寂寞)!

내 슬그머니 사라져도
저 눈 뿌리는 소리 그대로 들리겠지.
아 청결해라!

봄 현등사

현등사처럼 산등성에 간신히 매달려
눈길에 미끄러지며 나무 그루터기 움켜잡으며
세상 살다가
눈떠도 눈가루 속에 잘 보이지 않는
세상 더듬다가
더듬는 손마저 희미해지다가
갑자기 발 밑 환해 자세히 보면
가랑잎 틈새 막 비집고 핀 순금 노랑붓꽃
시냇물 소리 싱싱해지고
산벚나무마다 하얀 꽃 혼(魂)들 깨어나
밖이 궁금한 듯 기웃댄다.
현등사
절집 모두가
산등성에 묻은 한 옴큼 보랏빛 아지랑이 될 때
그 한 옴큼 속에 넌지시 들어가
겨우내 곱고 있던 두 손의 손가락들을
나뭇가지에 올려놓고
가슴 높이에서 하나씩 편다.

전신 마취

1

수술실에 실려갈 때는 모든 것을 두고 간다
시계 속옷 양말 의료보험증.
스트레처 카에 실려 복도를 지나 엘리베이터를 타고 내려가
또 복도를 지나 몇 번 꺾어져 문을 들어가
수술대에 옮겨 뉘어지고
괴석(怪石)처럼 우뚝 선 마취과 의사에게
다시는 깨어나지 못해도 좋다는 선서를 하고
(좋고 안 좋은 걸 그때 어떻게 알지?)
마스크를 해 눈만 보이는 간호사가
입에서 의치를 뽑아낸다.

2

나는 모래바람이었다.
태어나면서부터 이곳저곳 불려다니던
모래바람이었다.
아무도 없는 데서 혼자 불리고 날리고 하기를 좋아했다.
때로 사람들 속에 나도 모르게 일어나
그들의 눈을 맵게도 했다.

외로울 때면 공터에 며칠씩
재처럼 뿌려져 있기도 했다.
지금은 바야흐로 사방에 아무도 없는 때
솔솔 소리 내며 날려다닐까,
그냥 수술대 위에 뿌려져 있을까.

3

마취 직전
나는 간신히 용서라는 말을 생각했다.
머리 약간 들어 방을 한번 둘러보았다.
보이는 것은 삭막한 기계와 등불
마스크한 사람들
앞 공간 속에서
간호사가 마스크 위로 눈을 한번 꿈쩍했다.
얼굴에 무엇이 뒤집어씌워졌다.
갑자기 용서받은 기분!
메고 다니던 것들이 모두 사라졌다.

4

그 어둡지도 환하지도 중간도 아닌
그 동서남북이 없는
전후좌우 없고 위아래도 없는
길도 없고
그 어디 칠 북도 없는
나 자신도 없는 네 시간 반의
그 설맹(雪盲) 보행을
아무리 해도 다시 걸을 수가 없다.

내 체험을 체험할 수가 없다니!

재입원

닷새 터울로 되들어온 두번째는
정말 홀홀히 다 두고 속옷만 들고 왔다가
면회 온다는 홍신선에게
볼펜과 종이 몇 장을 부탁했다.
보라매 시립병원 404호실은 끝방이라 추위
환자복에 머플러 두르고
마침 텔레비에 나온 교토 동물원의 원숭이들이 떼지어 모여
서로 몸 비벼 추위를 버티는 것을 보며
빙 둘러보아도 비빌 데가 없어
창에 가 커튼을 들치고
아직 채 어둡지 않은 하늘에서 별들을 찾아본다.
병명은 경성 안면 신경 마비,
'지연된 병발증.'
가만 헤아려보면 이 세상에서
안면 하나 마비당하지 않고 살기 위해
쉰여덟 해 동안 마음 들쳐메고 버텨온 것이 아닌가!
혼자 남몰래 안면 감추고 흐느끼기도.
창밖을 보면 별 대신
헛눈 날리는 보라매 공원 가로등들.

제목 색인

(* 로마자는 권수를, 아라비아 숫자는 페이지수를 나타냄)

가오리	II, 61	구석기실에서	I, 151
가을 어느 날, 바보처럼 1	II, 329	군번을 잊어버리고	II, 56
가을 어느 날, 바보처럼 2	II, 330	귀뚜라미	II, 144
가을 어느 날, 바보처럼 3	II, 331	그 나라의 왕	I, 244
가을엔	II, 126	그대 뒤에 서면	I, 291
가을의 편지	I, 137	그대 옆	I, 131
갈매기	I, 45	그대를 어찌?	II, 335
걷다가 사라지고 싶은 곳	II, 299	금지곡처럼	I, 317
겨울 노래	I, 19	기도	I, 22
겨울 바다	I, 173	기항지 1	I, 115
겨울 밤노래	I, 24	기항지 2	I, 116
겨울 항구에서	I, 118	기항지 3	I, 117
겨울날 단장(斷章)	I, 30	김수영 무덤	I, 261
겨울날 엽서 1	I, 107	김현 묻던 날	II, 123
겨울날 엽서 2	I, 108	김현의 본명은?	II, 125
겨울에서 봄으로	II, 77	꽃 1	I, 198
겨울의 빛	I, 333	꽃 2	I, 297
견딜 수 없이 가벼운 존재들	II, 103	꽃 한 송이 또 한 송이	I, 328
계엄령 속의 눈	I, 238	꽃들	II, 284
고려 수월관음	II, 333	꽃이 질 때	I, 312
고려장	II, 42	꽝꽝 언 길 달리고 싶어	II, 129
관악 일기 1	II, 43	꿈 1	II, 290
관악 일기 2	II, 45	꿈 2	II, 291
관악 일기 3	II, 46	꿈 3	II, 292
관악 일기 4	II, 47	꿈, 견디기 힘든	I, 233

꿈꽃	II, 115	뉴질랜드에서 돌고래들이	II, 319
꿈의 꿈	II, 293	늦가을 빗소리	II, 127
		늦가을 아침	I, 105
나는 바퀴를 보면 굴리고 싶어진다	I, 231	다산초당(茶山草堂)	II, 81
낙백(落魄)한 친구와 잠을 자며	I, 240	다시 편지	I, 352
		달밤	I, 21
낙법	I, 144	대나무도 벼과(科)지	II, 63
날강도, 야반에 짚을 몰고	II, 120	더 비린 사랑 노래 1	II, 172
남해안에서	I, 119	더 비린 사랑 노래 2	II, 173
내린천을 찾아서	II, 288	더 비린 사랑 노래 3	II, 174
내 시벗 오규원은	II, 159	더 비린 사랑 노래 4	II, 175
내 젊은 날에 대한 회상기를 읽고	II, 157	더 비린 사랑 노래 5	II, 176
		더 비린 사랑 노래 6	II, 177
너 죽은 날 태연히	II, 39	더 조그만 사랑 노래	I, 259
네 개의 황혼	I, 109	더욱더 비린 사랑 노래 1	II, 178
노래자이의 노래놀이	I, 344	더욱더 비린 사랑 노래 2	II, 179
논 1	I, 178	더욱더 비린 사랑 노래 3	II, 180
논 2	I, 179	더욱더 비린 사랑 노래 4	II, 181
논 3	I, 180	더욱더 비린 사랑 노래 5	II, 182
누가 몰래 다녀갔을 때	I, 353	더욱더 비린 사랑 노래 6	II, 183
눈	I, 29	더욱더 조그만 사랑 노래	I, 260
눈 감고 섬진강을 건너다	I, 341	도가니가 마르기 시작할 때	II, 147
눈 내리는 오천성	II, 348	도주기(逃走記)	I, 132
눈 내리는 포구	I, 277	독일 시편	II, 305
눈, 1967	I, 167	돌을 주제로 한 다섯 번의 흔들림	I, 264
뉴욕 일기 1	II, 98		
뉴욕 일기 2	II, 100	동백나무	I, 42
뉴욕 일기 3	II, 101	동작대교에서	II, 31
뉴욕 일기 4	II, 102	동짓날 춘란 피다	II, 346

두통	II, 64
둘이서 하늘을 날려면	I, 340
뒤돌아보지 마라	I, 288
들기러기	I, 138
따로따로 그러나 모여 서서	I, 329
딴 방향으로 날다가	II, 340
떠돌이별	II, 152
뛰었다, 조그만 황홀	II, 29
런던 박물관에서	I, 160
마당에서	I, 136
마른 여울	I, 112
마왕(魔王)	II, 154
말하는 광대	I, 232
망초꽃	I, 343
매미	II, 143
매화꽃 1	II, 53
매화꽃 2	II, 54
맨발로 풀 위를	I, 293
맨홀	I, 271
모래내	I, 276
몰운대는 왜 정선에 있었는가?	II, 168
몰운대행(沒雲臺行)	II, 18
무서운 우연	II, 318
물	I, 268
물의 밝음	I, 60
미소 알맞게 짓고 있는 해골	II, 162
미시령 큰바람	II, 131

바다로 가는 자전거들	I, 219
바닷새들	I, 246
바위옷 바람	II, 146
밤새워 글쓰기	II, 148
밤에 내리는 비	I, 126
밤 헤엄	I, 139
방림(芳林)의 가을	I, 321
방파제 끝	II, 328
벌도 나비도 없이	I, 320
별	I, 299
병꽃	II, 35
봄날에	I, 41
봄바다에서	II, 312
봄밤	II, 17
봄밤에 쓰다	II, 33
봄 제사(祭祀)	I, 211
봄 현등사	II, 350
북해	I, 147
북해의 엽서 1	I, 156
북해의 엽서 2	I, 157
불 끈 기차	I, 225
브라질 행로	I, 133
브롱스 가는 길	II, 90
비가 제10가	I, 93
비가 제11가	I, 97
비가 제12가	I, 100
비가 제1가	I, 68
비가 제2가	I, 70
비가 제3가	I, 73
비가 제4가	I, 75
비가 제5가	I, 78

비가 제6가	I, 80	선지자 예감	I, 129
비가 제7가	I, 83	성긴 눈	I, 236
비가 제8가	I, 87	성큼성큼 나는 걷는다	II, 28
비가 제9가	I, 90	세 개의 정적	I, 122
비가(悲歌) 서시	I, 67	세월의 빗줄기	II, 343
비린 사랑 노래 1	II, 70	세잔의 정물화	II, 311
비린 사랑 노래 2	II, 71	세 줌의 흙	I, 247
비린 사랑 노래 3	II, 72	소곡 2	I, 49
비린 사랑 노래 4	II, 73	소곡 3	I, 50
비린 사랑 노래 5	II, 74	소곡 4	I, 51
비린 사랑 노래 6	II, 75	소곡 5	I, 52
비망기	I, 140	소곡 6	I, 53
빗금으로 내리지르는 보이지 않는 뺨에 금 채찍!	II, 344	소곡 7	I, 54
		소곡 8	I, 55
		소곡(小曲) 1	I, 48
		소리의 혼	II, 67
사라지는 동물들	II, 59	쇤베르크의 「바르샤바에서 온 생존자」를 들으며	II, 41
사랑 노래	II, 76		
사랑 노래, 1968년	I, 168	수화(手話)	I, 249
사랑의 뿌리	I, 279	시골 우체국	II, 295
산벚꽃 나타날 때	II, 283	시멘트 나라의 꽃	II, 165
삶에 취해	I, 298	시월	I, 37
삶의 이미지	II, 66	시인	I, 327
삼남에 내리는 눈	I, 159	시인은 어렵게 살아야 1	II, 23
삼봉 약수	II, 141	시인은 어렵게 살아야 2	II, 24
새	I, 177	시인은 어렵게 살아야 3	II, 25
새들	I, 242	신초사(新楚辭)	I, 199
새벽빛	I, 61	심야(深夜)	I, 128
생략할 때는	I, 284	십사행(十四行)	I, 104
서로 베기	I, 218		
서서 잠드는 아이들	I, 288		

아내가 있는 풍경	I, 197	열하일기 1	I, 186
아이들 놀이	I, 241	열하일기 10	I, 196
아이오와 일기 1	I, 204	열하일기 2	I, 187
아이오와 일기 2	I, 207	열하일기 3	I, 188
아이오와 일기 3	I, 208	열하일기 4	I, 189
아파트 나라의 민들레	II, 167	열하일기 5	I, 190
아파트생전(生傳)	I, 330	열하일기 6	I, 191
악어를 조심하라고?	I, 304	열하일기 7	I, 192
앞으로 인류가 살아남으려면	II, 60	열하일기 8	I, 194
앵무	II, 62	열하일기 9	I, 195
양평에서	II, 40	엽서	I, 46
어느 조그만 가을날	I, 203	영하의 베란다에 양란 피다	II, 304
어느 훗날의 시 1	II, 313	오늘 입은 마음의 상처	II, 55
어느 훗날의 시 2	II, 314	오늘은 아무것도	I, 286
어느 훗날의 시 3	II, 315	오래 기다린 하루	I, 106
어느 훗날의 시 4	II, 316	오미자술	II, 27
어느 훗날의 시 5	II, 317	오색(五色) 문답	II, 135
어도(漁島)	II, 294	오십보(五十步) 시	I, 135
어디선가 미리 본 것 같다	II, 347	오어사(吾魚寺)에 가서 원효를 만나다	II, 116
어떤 개인 날	I, 35	왕도의 변주 1	I, 163
어떤 여행	I, 56	왕도의 변주 2	I, 164
어린 시절 애인의 죽음	I, 332	왕도의 변주 3	I, 165
어젯밤 말 한 마리	I, 285	왕도의 변주 4	I, 166
얼음의 비밀	I, 26	외계인 1	II, 276
엄나무	II, 32	외계인 2	II, 279
SOS	II, 163	외지에서 1	I, 143
여름 이사	I, 226	외지에서 2	I, 145
여행	I, 228	외지에서 3	I, 146
여행의 유혹	I, 103	외지에서 4	I, 149
연등(燃燈)	I, 217	외지에서 5	I, 150
열(熱)받고 살다	II, 30		

우리 죽어서 깨어날 때	I, 234	줄타기	I, 326
우리는 수상한 아이들	I, 294	즐거운 편지	I, 40
유성	I, 43	지구 껍질에서	II, 153
이 무더위 속에	II, 296	지난밤 꿈에	II, 166
이것은 괴로움인가 기쁨인가	I, 32	지방도에서	II, 130
이른 눈	I, 174	지붕에 오르기	I, 221
이백(李白) 주제에 의한		지상(地上)의 양식	II, 58
일곱 개의 변주곡	II, 136	지워진 마을을 지나며	II, 342
이사	II, 49	지하실	I, 230
이순신	I, 153		
이중섭	I, 155		
일기	I, 229	1996년 8월 13일 밤 태풍 커크	
입술들	I, 212	방향 틀다	II, 297
		천국	II, 341
		천기(天機)	I, 161
잡풀	II, 339	철새	I, 175
장마 때 참새 되기	I, 224	첫 봄비	I, 316
재입원	II, 354	청령포(淸泠浦)	I, 322
저 구름	I, 283	초가(楚歌)	I, 239
전봉준	I, 154	초가을 변두리에서	I, 275
전신 마취	II, 351	초겨울밤	II, 128
점박이 눈	I, 313	최후의 솔거(率居)	I, 339
정감록 주제에 의한 다섯 개의		최후의 시	II, 122
변주	I, 252	취안(醉顔)과 취안을	II, 337
정원수(庭園樹)	I, 273	친구의 무덤에서	II, 124
제부도(濟扶島)에서	II, 332	친구의 아내	I, 158
제비꽃	II, 275		
제왕의 깊은 그늘	I, 130		
조그만 방황	I, 44	K에게	II, 36
조그만 사랑 노래	I, 258		
죽음 즐긴 라이프니츠	II, 140		

태평가	I, 125	풍장 22	II, 218
토말행(土末行)	II, 69	풍장 23	II, 219
		풍장 24	II, 220
		풍장 25	II, 221
편지	I, 348	풍장 26	II, 222
편지 1	I, 243	풍장 27	II, 223
편지 2	I, 270	풍장 28	II, 224
편한 덩굴	II, 34	풍장 29	II, 225
평창서 자며	II, 57	풍장 30	II, 226
폭탄주 잔이 작아질 때	II, 336	풍장 31	II, 227
풍장 1	II, 189	풍장 32	II, 228
풍장 2	II, 191	풍장 33	II, 229
풍장 3	II, 192	풍장 34	II, 230
풍장 4	II, 194	풍장 35	II, 233
풍장 5	II, 195	풍장 36	II, 234
풍장 6	II, 197	풍장 37	II, 235
풍장 7	II, 199	풍장 38	II, 236
풍장 8	II, 200	풍장 39	II, 237
풍장 9	II, 202	풍장 40	II, 238
풍장 10	II, 203	풍장 41	II, 239
풍장 11	II, 204	풍장 42	II, 240
풍장 12	II, 205	풍장 43	II, 241
풍장 13	II, 207	풍장 44	II, 242
풍장 14	II, 208	풍장 45	II, 243
풍장 15	II, 209	풍장 46	II, 244
풍장 16	II, 210	풍장 47	II, 245
풍장 17	II, 213	풍장 48	II, 246
풍장 18	II, 214	풍장 49	II, 247
풍장 19	II, 215	풍장 50	II, 248
풍장 20	II, 216	풍장 51	II, 249
풍장 21	II, 217	풍장 52	II, 250

풍장 53	II, 253	피렌체 시편 4	II, 326
풍장 54	II, 255	피에타	I, 59
풍장 55	II, 256		
풍장 56	II, 257		
풍장 57	II, 258	한발 앞서간 황인철을 위한	
풍장 58	II, 259	짧은 세속(世俗) 미사	II, 160
풍장 59	II, 260	한밤으로	I, 17
풍장 60	II, 262	한 시민	I, 124
풍장 61	II, 263	합천에서	II, 338
풍장 62	II, 264	햐쿠타케 혜성	II, 287
풍장 63	II, 265	허균 2	I, 182
풍장 64	II, 266	허균 3	I, 183
풍장 65	II, 267	허균 4	I, 185
풍장 66	II, 268	허균(許筠) 1	I, 181
풍장 67	II, 269	허난설헌 생가	II, 121
풍장 68	II, 270	호구(虎口)	I, 152
풍장 69	II, 271	혼 없는 자의 혼노래 2	I, 301
풍장 70	II, 272	혼 없는 자의 혼노래 3	I, 302
피	I, 318	혼 없는 자의 혼노래 4	I, 303
피렌체 시편 1	II, 320	혼(魂) 없는 자의 혼노래 1	I, 300
피렌체 시편 2	II, 322	흙집	I, 121
피렌체 시편 3	II, 324		

첫행 색인

가르치려는 자들은	I, 185
가만!	II, 118
가위 바위 보	I, 213
가을 들면서 잔 비가 뿌려도	II, 75
가을날	II, 228
가을밤	II, 317
가을엔 이별의 앞차를 타리.	II, 126
가파른 언덕	II, 86
간밤 글 속에서	II, 148
간호사도 다녀가고 모두 서둘러 인사하고 자리 뜨자	II, 318
갑자기 놀라 잠이 깰 때면	I, 62
갑자기 많은 눈이 내려 잘 걸을 수 없는 날	I, 32
갑자기 안타까워진다.	I, 174
갑자기 편해진다.	I, 230
강렬한 조형이 내 뼈에 속삭인다.	I, 143
강릉시 초당동 허난설헌 생가에 가서	II, 121
강변에 라면 봉지 소주병 하나 없어	II, 305
강원도 홍천군 내면에서 만난 개울,	II, 141
강진은 조그만 고을	II, 85
강진행 갈림길 성전에서 그만 내린다.	II, 85
같은 아파트 같은 동에 같은 무렵 이사 오신	II, 49
개모밀덩굴	II, 34
객지가 객지다우라고	II, 94
거창한 유적들이 보이지 않는다.	II, 322
거친 들에 바람 깊은 저녁	I, 87

걸어서 항구에 도착했다.	I, 115
겨울 해 설핏 기운 먼데 말방울	I, 158
겨울에 바다를 건너는 게 아니데.	I, 157
결국 네가 한 것은 무엇인가?	II, 36
경기도 양평 용문사에는	II, 138
고개가 가파르다.	II, 20
고구마로 빚은 술이	I, 110
고기를 잡지 않는 어부가 살았다.	I, 327
고독은 네 행로의 대명사가 아니다.	I, 129
고장난 부표(浮標) 등대를 끌고	II, 78
고통, 덜 차가운 슬픔.	I, 175
곤한 잠이 두어 시간 나를 데리고 놀다	II, 200
골품(骨品)의 품계가 사라진 뒤	I, 132
광활한 토지보다는 밝아가는 골짜기를	I, 100
구름 사이로 찢어진 달빛이	I, 198
구름 위로 달이 고개를 내밀다 얼굴 숨긴다.	II, 139
구리색 청동색 탁주색 물	II, 324
군(郡) 이름은 잊었지만	I, 343
그 개는 짖기 시작한다.	I, 128
'그린 스위트' 한 알을 넣으면 아침 커피가 너무 달아	I, 318
그 어느 책 뒤져보아도	II, 58
그 어둡지도 환하지도 중간도 아닌	II, 353
그 여자는 또 손을 반쯤 들고 서 있구나	I, 42
그가 들어온다.	II, 64
그것은 첫눈 내린 저녁, 당신과 함께, 혹은 당신의 없음과 더불어,	I, 51
그대 고속도로보다 먼 곳	II, 183
그대 농장의 지하수,	II, 276
그대 뒤에 뜬 저 저녁달을 보라	I, 56
그대 뒤에 서면	I, 291
그대 벽 저편에서 중얼댄 말	I, 233
그대 세상 뜨고	I, 313

그대 어깨 너머로 눈 내리는	I, 277
그대는 강을 건넜는가?	II, 255
그대는 상자 속을 들여다보았는가?	II, 260
그대를 노래에 등장시키지 않으려고	II, 174
그대와 나 숨을 곳은	II, 197
그래 능소화	II, 262
그래, 서울보다 더 공기 나쁜 지옥에 가도 좋지만	II, 338
그림자 하나 없이	I, 90
그물 위에 춤추는 아이들의 떼	I, 155
길가에 흰 옷에 금빛 가슴 들국화 몇 송이만 흔들리고 있어도	II, 331
길조(吉兆)여	I, 109
김명인 시인과의 사전 계획은	II, 168
김현 묻고 돌아올 때, 그 장마 구름 잠시 꺼진 날,	II, 123
까마귀들 날고 떠들며	II, 195
깨어 있다는 것은 과연 무엇일까?	II, 214
꼭같은 공간을	II, 150
꽃 하도 이뻐 남작화(藍雀花)!	II, 239
꽃나무여 꽃나무여	I, 67
꽝꽝 언 길 달리고 싶어	II, 129
꿈을 꾸듯 꿈을 꾸듯 눈이 내린다.	I, 46
꿈의 절에서는	I, 182

나는 나무들이 꽃을 잔뜩 피워놓고	I, 297
나는 모래바람이었다.	II, 351
나는 바퀴를 보면 굴리고 싶어진다.	I, 231
나는 왜 그 유명했던 김종삼을 만나기 전	II, 33
나는 요새 무서워져요. 모든 것의 안만 보여요. 풀잎 뜬 강에는	I, 239
나는 요새 헤엄치며 삽니다.	I, 344
나는 이야기를 듣고 친구에게 갔다.	I, 234
나는 정욕을 느낀다 그대의	I, 183

나래 소리 이는 곳에 노랫소리처럼 들려오던 것	I, 45
나무들 허물 없이 옷 벗을 때	I, 217
나무들이 모두 발을 올린다.	I, 261
나무들이 요란히 흔들리는 가운데 겨운 햇빛은 떨어지며 너를	I, 33
나보다도 더 겨울을 바라보는 자여,	I, 19
나의 마지막이 당신의 마지막처럼 될는지는 모른다는 것은	I, 54
나의 이 기다림이 즐거운 약속과 같은 것으로 바뀌어질 때,	I, 55
나이 들며 신경이 멀어지는 것은	I, 221
난세에는 떠도는 것이 상책이다,	I, 103
날강도, 야반에 짚을 몰고	II, 120
날으는 새는 자유의 상징이라지만	I, 177
날자 날자	I, 302
낡은 단청 밖으로 바람이 이는 가을날, 잔잔히 다가오는 저녁	I, 38
남들이 삭발했을 때, 삭발 그 때이른 눈발, 너는 아래 털을 밀었어.	I, 249
남몰래 홀로 쓰레기 줍는 사람	II, 28
남북이 다 흐리다 혼자 가는 '옴'	I, 153
남태평양에서 매년 태어나는 70여 척 태풍 가운데 많은 것이	II, 297
내 고향은	I, 279
내 관악산 북녘에 살며	II, 244
내 그대를 생각함은 항상 그대가 앉아 있는 배경에서 해가 지고	I, 40
내 그처럼 아껴 가까이 가기를 두려워했던 어린 나무들이 얼어	I, 32
내 꿈결처럼 사랑하던 꽃나무들이 얼어 쓰러졌을 때 나에게 왔던	I, 22
내 노래한다 겨울 항구를,	I, 97
내 마음 안에서나 밖에서나	I, 50
내 마지막 기쁨은	II, 234
내 마지막 길 떠날 때	II, 224
내 만난 꽃 중 가장 작은 꽃	II, 115
내 보았네, 한촌(寒村)의 환한 달밤	I, 121
내 사랑하리 시월의 강물을	I, 37
내 사랑한다, 아 사랑하지 않은들.	I, 187
내 세상 뜨면 풍장시켜다오.	II, 189

내 세상 뜰 때	II, 223
내 시(詩)벗 오규원은	II, 159
내 시대의 건축가 김수근은	II, 30
내 오래 설맹(雪盲)에 갇혀	I, 80
내 잠시 생각하는 동안에 눈이 내려 눈이 내려 생각이 끝났을 땐	I, 22
내 핍박의 누이들	I, 167
내가 보이지 않는다.	I, 268
내가 아픈 불두화(佛頭花)가	I, 202
냇물 위로 뻗은 마른 나뭇가지 끝	II, 272
너 세상 떴다는 전화를 귀에서 쏟았다.	II, 160
너 좋아하던 장욱진 선생이 세상을 버렸다.	II, 157
너 죽은 날 밤	II, 39
너는 세상 버리고 나서 더욱 까다로워졌구나.	II, 125
너는 한강을 건너고	I, 195
너의 얼굴이 없는 빙하	I, 156
너의 집 밖에서 나무들이 우는 것을 바라본다.	I, 19
네 어제 하루 잠자다 잠시잠시 깨어 내려다볼 때	II, 40
네 웃으며 집을 나간 후에 지친 듯이 눈이 멎고 저녁은 사라지고	I, 26
네 회상기는 고비고비	II, 157
네가 병원에 가고부터	II, 36
노량서 시작한 술 끝내니 통영,	II, 312
농장 빠져나오자마자	II, 278
높은 데서 낮은 데로 물 넘치듯이	I, 303
누가 나의 집을 가까이한다면	I, 35
누가 와서 나를 부른다면	I, 21
누구나 볼 수 있는 저 두 언덕 사이에	II, 74
누구에게 속삭일까	II, 304
누군가 기슭에 배를 댄다.	II, 316
누군가 울었다	II, 101
누워 있는 엄나무	II, 32
누이여, 네가 넘어지고	I, 194

눈 내린 새벽	I, 108
눈 덮은 길 위에 떨어지는 저녁 해, 문 닫은 집들 사이에	I, 36
눈 털며 웃는 속리산 갈대들을	I, 301
눈떠라 눈떠라 참담한 시대가 온다.	I, 154
눈부셔	II, 344
눈이 그쳤을 때, 바람이 불 때, 내 외롭지 않을 때	I, 26
눈이 다시 내리는구나.	I, 271
뉴욕 도착 보름 만에 겪은 '머깅'이 떠오른다.	II, 91
뉴욕 사람들은 빨리 걷는다.	II, 110
뉴욕 하수도에 악어가 산다는 미확인 보도가 있은 후	I, 305
뉴욕 한국인 예술제에서 시 낭송을 하고	II, 103
뉴질랜드에서 돌고래들이 집단으로 해변에 상륙	II, 319
늦가을 저녁 아우라지강을 혼자 만나노니	II, 247
늦겨울 거제도를 혼자 한바퀴 돌면	II, 176

다른 배들이 그대의 배를 둘러싸고	I, 117
다색(多色)의 새벽 하늘	I, 116
다시 깨닫는 침묵	I, 165
다시 한번 만져본다.	I, 226
단단한 것은 모두 녹이 슬었다.	I, 341
단풍 가운데도	II, 343
달개비떼 앞에서 쭈그리고 앉아	II, 259
달마는 면벽 구 년에 왜 마르지 않았는가?	II, 222
달빛에 마음 휘듯	II, 320
닷새 터울로 되들어온 두번째는	II, 354
당신 모습이 처음으로 내 마음속에 자위떴을 때 나는 불 속에	I, 48
당신과 나 사이에 있는 것은 낯선 곳으로 이끄는 한 철 벗겨진	I, 53
당신이 나에게 안도와 불안을 함께 주신 것은 나에게 기도가	I, 52
대철(大哲) 플라톤이 이상국가에서 시인들을 몽땅 내쫓았다며,	I, 322
덧없지만은 않다	II, 346

도가니가 마르기 시작하는지	II, 147
도사(道士)들은 대개 실눈 뜨고 있기를 좋아했습니다.	II, 179
도서관에서 바다로	I, 147
독일 하노버 궁(宮) 다락방 습기찬 가을	II, 140
돌 위에 돌이 한참 떠 있고	I, 212
돌들이 다시 희어진다, 변하는 우리. 소리, 물이 하상(河床)을	I, 256
돌이 허리 굽혀 눈을 헤치고	I, 281
동안(童顔)으로 늙은 얼굴 하나	II, 313
두 강물이 합쳐지는 곳으로	I, 44
두 눈이 지워진 돌의	I, 203
두 손등 동시에 검버섯 피기 시작했다.	I, 317
두 송이 꽃이 함께 죽어가고 있다.	I, 212
뒤돌아보면 아무도 없다.	I, 212
뒤돌아보지 마라 돌아보지 마라	I, 288
뒤에서 누가 떨고 있는지 볼 필요 없어요.	I, 266
들 한가운데는	I, 62
들판에는 한 줄기 연기가 오르고	I, 70
땅속에 발목뼈 채 묻히지 못해	II, 235
땅에 떨어지는	II, 213
때로 날이 끝난 곳에서	I, 27
떠나는 길이 떠올라야 한다.	II, 82
떠다니다 떠다니다 멈췄네	II, 340
또 가을이다.	I, 181
또 비탈? 눈 자갈이 튀고 그가 쓰러지고 나도 쓰러졌다.	I, 220
또 이곳에 왔다.	I, 228
뜰 곁에 말없이 서서 사소한 많은 일을 생각하다가	I, 43
러시 아워가 아니라선지	II, 95
러시 아워에 비좁은 지하철을 타고	II, 102
룸메이트 바가디	I, 146

마른 국화를 비벼서	II, 227
마신 약수(藥水)들이 때로 속에서 부른다.	II, 137
마음 한 가닥은 터미널 지하 상가에서 운동화를 고르고	I, 300
마음속 악마가 속삭인다.	II, 154
마종기가 보낸 연어 한 마리가	II, 100
마지막으로 잠긴 창의 단추를 벗기고	I, 333
마취 직전	II, 352
만나는 사람들의 몸놀림 계속 시계침 같고	II, 81
말을 들어보니	I, 125
말하는 광대가 밤새 말을 씹었다.	I, 232
매년 한 번씩 남해안에 들러도	II, 175
맨발로 풀 위를 걷는 저녁	I, 293
머리 가까이 어둠 속에	I, 83
머리 쳐든 저 하늘 속에 오늘은	II, 160
멋대로 구불구불 울퉁불퉁 자란 둥치 나무를 기둥으로 쓴	II, 302
멋대로 신나게 가볍게 살던 의사가	II, 104
며칠 내 바람이 싸늘히 불고	I, 37
며칠 내 시작한 눈 그치지 않은 어느 저녁 네가 거리로 나오면	I, 46
며칠 내 작품을 쓰고 지우고 쓰고 지우고	II, 341
며칠 병(病) 없이 앓았다.	II, 243
며칠 전 계속 세 번 어금니를 빼고	I, 348
며칠 전 인감증명 떼다가	II, 56
며칠째 바람이 세다.	I, 199
명사수의 눈에	I, 188
몇 년째 한강이 얼지 않는다.	II, 163
모두 넘어지고도	I, 219
모래 위로 손 잡고 나란히 서서	I, 276
모래 위에 그림자, 너의 이마 위의 그림자, 너를 이처럼 어지럽게	I, 59
모래내 살 때 손등 데며 밤중에 간 연탄이	II, 53
몰운대는 꽃가루 하나가 강물 위에 떨어지는 소리가 엿보이는	II, 22
몰운대에선 지난번 인사만 하고 헤어진	II, 170

묏비〔山雨〕 막 개인 다음	II, 54
무겁게 높은 이마, 먼지 낀 노을, 진실로 나에겐 간단한 세월이	I, 59
무관계(無關係)여	I, 109
무작정 떠 있다	II, 218
무좀도 몸이 늙으면 자리를 뜬다	II, 219
물방울 하나하나가 꽃에 잎에 인간의 몸에	II, 127
물오른 참나무 사이사이로 산벚꽃 나타날 때	II, 283
미소 알맞게 짓고 있는 해골 하나 만들기 위해	II, 162

바깥은 봄저녁 천천히 내리는	II, 311
바다 냄새를 맡은 조그만 강물처럼	II, 70
바다는 젖어 있었다.	II, 216
바둑 훈수 두어도 좀체 화 안 내던	II, 253
바람 소리.	II, 242
바람에 나뭇잎들이 뒤집힌다.	I, 192
바람을 생각할 때마다	II, 132
바람의 손길 한결 서늘해지고	II, 246
바람이 분다	I, 75
바람이 어디로나 제 갈 데로 불 듯	II, 202
바쁘게 뛰다 보면	II, 82
바쁜 길 가다	II, 63
박명의 구름장들이 빙빙 돌아간다.	I, 173
밖에서는 가을비가 내리고	I, 151
반 개의 생명도 너무 무겁다.	I, 180
밤 이슥히	I, 126
밤에 자다 홀연히 깨어	II, 266
밤의 창호지와 이별한다.	I, 186
밤중에 깨어 탁자 더듬어	II, 305
방공호에서 왔다.	I, 168
방금 올챙이 벗고 땅에 기어오른 개구리가	II, 29

방학 핑계삼아 밤새워 쓴 글들	II, 148
밭이 눈부시다.	I, 196
베란다 벤자민 화분 부근에서 며칠 저녁 울던 귀뚜라미가	II, 144
베란다에 함박꽃 필 때	II, 220
베를린 숙소는	II, 308
베어진 나무 앞에는	I, 105
벼르던 거처를 변두리 한구석에 정하고도	II, 98
보길도 세연정에서	II, 285
보름 전 꿈.	II, 291
복사꽃 조팝꽃 산벚꽃 싸리꽃	II, 335
복수(複數) 여행, 항구 끝의 여관들,	II, 237
본 시립 미술관 특별 전시실에서 만난	II, 307
봄 막 풀어지기 직전	II, 73
봄꽃 난폭하게 색칠하다 말고 막 떠난 언덕 밑	II, 172
봉원사 아래 공동 우물	I, 189
봉준이가 운다 무식하게 무식하게	I, 159
부끄러워라.	I, 236
부서진 군중이 강에 닿고 있다.	I, 211
부어주고 왔다 마음 태반을.	II, 240
북소리 그치고	I, 168
불 끈 기차가 지나가지.	I, 225
불타(佛陀)는 잠들고 나는 악몽에 시달렸어. 지도에서 서울이	I, 210
붉은 부리의	II, 207
브롱스는 주로 흑인들이 사는 곳	II, 90
비실비실 봄이 왔습니다.	II, 177
빈 그물이 내려와 덮친다.	I, 179
빈 들의 봄이로다	I, 68
빗소리인가 손을 내밀었더니 바람 소리였다.	I, 321
빛의 속도로 달리다	II, 182
뼛속까지 얼어붙어	II, 296

4년 2개월 간 연구실에서 동거.	II, 292
사람 모여 사는 곳 큰 나무는	II, 55
사람 피해 사람 속에서 혼자 서울에 남아	II, 18
사직동에 숨은 너의 집에	I, 119
사진보다 단순한 춘천 근교의 산들	I, 190
산하(山河)는 온통 서걱이는 서리밭길	II, 269
살과 친한 바람이 바다에서 불고	II, 78
살기 싱거워	I, 135
삶에 취해 비틀거릴 때가 있다.	I, 298
삼면이 강물이고 뒤에는 육륙봉(六六峰) 험준한 봉우리	I, 323
상원사 동종(銅鐘)의 비천상(飛天像)을 아시는지.	I, 340
새들을 부르세요	I, 242
새로 닦은 길로 무작정 들어선다.	II, 168
새로 맺히는 이슬을 털며	I, 218
새벽 뜰을 쓸다 보니	II, 79
샘이 솟는 소리르 듣는다.	I, 60
생(生)의 한 가지〔枝〕는 봄이다.	I, 211
생략할 때는 침묵 앞에서	I, 284
샤뽀 쓴 김선생을 아시는지	I, 131
서른 갓 넘고 그의 아내 숨어 있다.	I, 158
서리 잔잔히 몇 번 치고	I, 320
서서 잠드는 아이들	I, 289
서양물 설먹은 자답게 베토벤의 후기 현악사중주를	II, 67
서울 근교	II, 64
서울 근교의 산이 모두 얼어 있다.	I, 262
선암사 매화 처음 만나 수인사 나누고	II, 238
선운사 도솔산 단풍 막 지고 난 뒤	II, 268
선조(先祖)들, 선조들, 마음 독하게 먹은 붕(鵬)새들.	I, 254
설사에 시달렸다.	II, 165
설악산 쌍폭 물 휘도는 소에 빠졌다가	II, 284
성냥갑 아파트 슬몃 열고	II, 163

세상 갈수록 캄캄해	II, 284
세상 뜰 때	II, 326
세상이 고장난 시계처럼 움직이면	II, 141
소주 부은 주전자에 오이채 썰어넣고	I, 316
소주와 안줏감을 들고	II, 136
소화 시대(昭和時代)의 흉년은	I, 161
손금 접어두고 눈 오는 남루	I, 154
수산시장 판매대 위에 올라	II, 61
수술실에 실려갈 때는 모든 것을 두고 간다	II, 351
수인선 협궤차를 내려 걷는다.	II, 249
숨차고 큰 제사(祭祀) 앞에 홀로 가듯이	I, 44
숫봄, 숫봄! 혼자 김포 들을 질러 달려왔다.	II, 279
숲에서 나와	II, 209
쉰다섯 해 뼈 감추고 다닌 살	II, 146
스물세 해 동거(同居)한 철제 책상의 분위기가 한동안 이상해	II, 133
슬퍼하지만은 않았다	I, 138
슬픔도 쥐어박듯 줄이면	I, 255
시외버스로 나주평야를 가로지르며	II, 84
시인 김광규가 준 포이세티아를	II, 31
신생아의 무리들,	I, 133
실비가 멎었다.	II, 282
십년 별러 선암사 매화를 만나러	II, 180
10만 평방킬로의 하늘	I, 130
싸락눈 내리는 늦겨울 저녁	II, 250
싸락눈 솔솔 뿌리는	I, 306
쌀이 불쌍하다.	I, 178
쌓아놓고 읽지 못한 책도 많겠지만	II, 80
쓸쓸한 길 화령길	II, 194
아 바람!	II, 131

아 바람이, 벌써 아니다. 이 바람이,	I, 191
아 번역하고 싶다,	II, 215
아 색깔들의 장마비!	II, 191
아 행복의 끄트머리가 흐지부지된들 어떠리	I, 312
아, 저 병꽃!	II, 35
아내가 내 몸에서 냄새가 난다고 한다.	II, 229
아내가 미친 듯이 웃으며	I, 197
아녀,	I, 38
아니다,	II, 37
아무래도 나는 무엇엔가 얽매여 살 것 같으다	I, 35
아빠, 나도 진짜 총 갖고 싶어,	I, 241
아아 병든 말〔言〕이다.	I, 238
아이들이 노래하고 있다.	I, 324
아직 멎지 않은	I, 259
아침에 커피 끓여 마실 때	II, 236
악마가 속삭인다.	II, 154
안개 잠시 걷히고	I, 330
"안녕하십니까"	II, 62
안동군 천등산 봉정사	II, 330
앞으로 인류가 지구 껍질에 계속 남아 숨쉬려면	II, 60
양날개에 가방을 하나씩 달고	II, 203
양재동 뱅뱅 사거리 채 못미처	II, 336
양재동 술집 '장유'가 불어나	II, 337
어깨 구부정한 사내 하나	II, 329
어느 바람의 갈피에선가	I, 140
어느 여름 아침 평창 미탄에서 정선읍 들어가기 전	II, 301
어도는 없었다. 이번에 어도에 가서 홀연히 알았다.	II, 294
어두운 겨울날 얼음은	I, 30
어둠이 다르게 덮여오는군요. 요샌 어둡지 않아도 오늘처럼	I, 219
어디다 부리리요	I, 136
어떤 내부(內部)도 난 가지고 있지 않다.	I, 266

어시장(魚市場)도 끝나고 고기들도 자리 뜨고	I, 246
어제 연천에 가서	II, 314
어제 오후 큰눈이 내려	II, 77
어제 오후에는 기다리던 저녁비 오려다 말아	II, 72
어제 죽은 창(槍)을 팔았다.	I, 200
어제를 동여맨 편지를 받았다.	I, 258
어젯밤 김수영 선생	II, 290
어젯밤 꿈결에 나는 고려장당했다.	II, 42
어젯밤 누군가 담 넘어와	I, 353
어젯밤 말 한 마리 울타리 넘어 달아나	I, 285
어젯밤에는	II, 210
어찌 알았으랴 가까운 자의 목마름	I, 153
언덕이 사라지고	II, 348
언젠가 마음 더 챙기지 말고 꺼내놓을 자리는	II, 328
언젠가 흘러가는 강물을 들여다보다가 문득 그 속에 또 흘러가는	I, 49
얼굴 가린 비들이 내리고 있어요. 잿빛 복면(覆面)들이 불빛 속에	I, 247
여기가 어딘가?	II, 204
여름날 연천읍 변두리	II, 339
여의도 FM 방송국엔 지금 장대비 쏟아진다고?	II, 155
연구실에서도 아파트에서처럼	II, 46
연못 앞에 앉아 편지 봉투 뜯으니	II, 76
연못 한 모퉁이	I, 260
열 평의 마당	I, 122
열 평의 마당	I, 123
영월 청령포를 조심히 피해 31번 국도를 탄다.	II, 18
옆에 놓인 플라스틱 바가지를 들고	II, 89
옆에는 흑인 남자	II, 91; II, 96
옛 동베를린을 '보리수 밑 거리' 하나로 스치고	II, 309
오 눈이로군	I, 29
오늘 낮에 새들한테 당했다.	II, 208
오늘 라디오를 꺼버렸다.	I, 166

오늘 서가의 지도(地圖)를 모두 버렸다.	II, 248
오늘 우연히 지도 뒤지다가 기억 속에 되살아난	II, 300
오늘날 삶을 하나의 이미지로 바꾼다면 어떤 것일까?	II, 66
오늘은 개일는지	II, 275
오늘은 날이 맑았어. 신경써줘. 그놈은 돌아와 마누라를 세 번	I, 250
오늘은 아무것도 하고 싶지 않다.	I, 286
오늘은 안개비가 내리다 말고	II, 173
오다 오다 오다	I, 93
오대산 옆구리에 바싹 차의 이마를 댔다.	II, 157
오대산 적멸보궁 양편 골짜기에	II, 225
오래 참고 견딘 자의 참음이 끝날 때	I, 106
오랜만에 남포오석 비(碑)에서	II, 122
오랜만에 듣는 저 딱따구리.	II, 342
오랜만에 시골서 묵는 밤	II, 153
오랜만에 와 멎은 남도(南道)길	II, 267
오르페우스와 윤선도(尹善道) 모두 악기 잘 탔지만	II, 130
오미자 한줌에 보해소주 30도를 빈 델몬트 병에 붓고	II, 27
오밤중 전짓불 켜들고 화엄사에 오른다.	II, 347
"오색의 꽃이 지면	II, 135
오어사에 가려면	II, 116
올 가을 고향엔 식수마저 없다며.	I, 161
옷을 벗어버린 눈송이들이	II, 230
요즘 와서는 점점 더 햇빛이 빨라져 조금 살다보면 어느샌가	I, 31
우리 헤어질 땐	I, 17
우리나라보다 어눌한 참새들이	I, 145
우리는 나무를 심었다.	I, 273
우리는 떨어진다.	I, 164
우리는 수상한 아이들	I, 294
우리는 이쁜 아이들이야	I, 280
우리는 정신없이 이어 살았다.	I, 137
우리의 슬픔을 보이지 않으리.	I, 153

첫행 색인 377

우리의 여름,	II, 71
우주의 모양새가 어떻게 생겼든	I, 299
운명이여, 그대가 만약 존재한다면,	II, 137
울부짖게 내버려다오.	I, 209
원효 쓰고 다녔다는	II, 118
월악산 중턱 가득 수놓은 눈꽃	II, 271
이 건달놈!	I, 352
'이게 바답니까!'	II, 332
이 세계의 냉수 마신 자들	I, 150
이 세상 가볍게 떠돌기란	II, 205
이 악물고 울음을 참아도 얼굴이 분해되지 않는다. 이상하다.	I, 248
이가 자꾸 시리다.	I, 252
이건 집이고	I, 249
이것은 당신의 머립니까	I, 265
이곳 오후는	I, 270
이렇게 울지 않는 눔들은 처음 본다. 면상(面相)에 완전히 긴 금간	I, 264
이른봄부터 국문과 이선생의 오른쪽 눈	II, 256
이백(李白)은 꿈속에 고향땅 밟다가	II, 24
이번 여름엔 푸른색을 다 써버렸습니다.	II, 315
이사하고 오랜만에 나들이를 한다.	II, 50
이삿짐센터의 62세 노인,	II, 49
이성복 시인이 물었다.	II, 23
이제 너와 헤어지는 건	I, 41
이제 아무도 살고 있지 않은 집은 없다.	I, 203
이제 음악은 다 들었다.	II, 241
이제 죽은 자를 경애하지 말고	I, 104
이제는 참 사람 없는 해변을 걷기가 겁이 나데.	I, 111
이젠『춘향전』도 시들고	II, 181
이젠 바람도 꿈속에서만 분다.	II, 132
이젠 어떤 선(線) 어떤 면(面) 어떤 색(色)이 인간의 마음을	II, 169
이즈음 와서는	I, 78

이즈음 조금 마시고도 취하니	II, 138
이즘처럼 시간이 몸을 조여오고	II, 69
인간만이 아니라	II, 217
인도를 사랑할 때	I, 208
일주일 늦게 도착했네.	I, 144
자꾸 잊어버린다.	II, 51
자네에겐 반골(叛骨)이 있지?	I, 124
자음(子音)만 몇 개 중얼거리고	I, 244
장난감 말이 쓰러져 뒹군다. 아니, 잠이 깬다. 몇 마디 아픈 말이	I, 247
장욱진은 까치를	II, 287
저 구름 좀 봐	I, 283
저 등신대 고려 불화들,	II, 333
저 매미 소리	II, 143
저 비사실적인 산들	I, 149
저 여행하는 왕들	I, 163
저녁 무렵	I, 122
저녁에라도 끓는 물이여	I, 201
정석(丁石) 바위가 정답고	II, 87
정성들여 지은 거실 겸한 정자에 들어가	II, 281
제발, 여름 저녁 장평-평창 31번 국도로	II, 57
제왕은 때로 신민의 그늘이다.	I, 140
제임스 벨록이 무성(無聲)으로 찍은	II, 59
조국은 닫혀 있다.	I, 152
조금이라도 남은 기쁨은 버리지를 못하던	I, 24
좀 늦었을 뿐이다, 좀 늦었을 뿐이다, 나의 뼈는 제멋대로 걸어가	I, 30
죄는 절에서 씻는다.	I, 160
죽음 앞에서 파괴되지 않는 것은 아름답다.	II, 41
지구가 손 내밀어 소매 넌짓 당길 때	II, 25
지금 사랑은 아무것도 아니기.	I, 279

지난 겨울 이상난동의 몸살인가	II, 47
지난 겨울에는 얼음이 모두 녹아 땅을 적셨고	I, 243
지난 겨울엔 베란다의 푸른 자(者)들을	II, 167
지난 몇 년 간 정선은 내 숨겨놓은 꿈, 너무 달아 내쉬다 도로	II, 169
지난 몇 해 이맘때쯤이면	II, 293
지난 여름의 가파른 가뭄	I, 112
지난 이야기를 해서 무엇 하리,	I, 37
지난밤 꿈에 신음하는 지구를 만났다.	II, 166
지도에서 막 사라지려는 권상로(權相老) 현판의 절 하나 찾기 위해	II, 295
지하수 전기 펌프까지 가는 길을 처음 낸다.	II, 277
진실로 진실로 내가 그대를 사랑하는 까닭은 내 나의 사랑을	I, 40
집 앞에 반쯤 눈 덮인 들판	I, 61
집을 나서면 줄을 탄다.	I, 326
쨍하며 해가 빨리 진다.	I, 275

차에서 내려 자물쇠를 연다.	II, 279
창밖에 가득히 낙엽이 내리는 저녁	I, 39
창밖에 돌풍이 인다. 갓 심은 나무 하나가	II, 65
창밖에선 매맞지 않은 눈이 내리고 있지. 낮에 들여놓은 난(蘭)	I, 240
창살 뒤에 누워 있는 꽃 한 송이	I, 328
창촌 양양간 56번 국도	II, 288
책장 속에 묻어두었다던 꼬냑 병을 오랜만에 캐어내	II, 137
1992년 늦가을 저녁	II, 245
천문학자들은 항성을 행성보다 더 큰 일로 다루지만	II, 152
첫눈 맞으러 잠시 방 비운 나를 위해	II, 43
초겨울밤	II, 128
초연히 살려 할 적마다	II, 131
최후로 황룡사를 떠나는 그대!	I, 339
친구 동생의 사무실	I, 304
친구 사진 앞에서 두 번 절을 한다.	II, 233

7번가에서 E를 내린다.	II, 94

커튼으로 가린 방	I, 204
커피가 달고	II, 150
큰 돌이 작은 돌을 쳐서 부숴뜨리는 것을 보았습니까.	I, 264
큰 파도가 조그만 파도에게 말한다.	I, 345
클래식판 귀할 때 녹음한 테이프를 다시 틀어볼 때	II, 37

탄피 곁에서	I, 209
탈이로다. 탈이야.	I, 252
텅 빈 돌산을 방황할 때 만나게 되는	I, 57
텔레비전 화면에서 보는 달걀의 세포 분열	II, 257

팬츠 바람으로 장갑을 끼고	I, 207
평생 잠에 발 들여놓은 적 없는 하루살이들	II, 264
포항서 육십 리 길	II, 117
폴 에반스 트리오	II, 263
풀 몇 줄기 눈 위에 솟아	I, 329
풍란(風蘭)이 터진다.	II, 199
플러싱에서 7번 전철을 타고 책을 읽는다.	II, 92
핑크 시대 피카소가 방랑하는 광대 무리를 모아	II, 299

하늘 가득 별꽃 만발한 포천군 지장산 민박집	II, 285
하루살이 하나 가물가물 내려온다.	II, 265
하루종일 눈. 소리없이 전화 끊김. 마음놓고 혼자 중얼거릴 수 있음.	I, 229
하류(下流) 끊긴 강이 다시 범람한다.	I, 224
하얗게 해가 진다.	I, 199

학생들이 붉은 띠 이마에 두르고	II, 45
한 기억 안의 방황	I, 23
한 보름 비운 사이	II, 258
한강이 갑자기 어두워진다	I, 345
한때는 얼음 낀 강물 속까지 들어가	II, 178
한번 불다 부력(浮力) 놓치고 꺼지는	II, 270
함박꽃 가지에서	II, 226
허나 헤맴 없는 인간의 길 어디 있는가?	II, 117
헤어진 지 일 년 후	II, 124
현등사처럼 산등성에 간신히 매달려	II, 350
혹시 원효가 미친 척 당나라에 스며들었다면	II, 103
혼자 몰래 마신 고량주 냄새를 조금 몰아내려	II, 17
혼자 사는 자를 두려워할 필요는 없네.	I, 107
홀로 선 해바라기	I, 139
화암약수터 호텔 여주인은 웃으며 말했다.	II, 21
환히 멎어 있는 물금	I, 332
황량한 둔주(遁走)로다, 늦가을 들판	I, 73
황홀하더라, 눈비 내려	I, 118
후배가 놓고 간 앵초꽃이 물을 잘 받아먹는다.	II, 109
희미한 길 하나	II, 192
희양산 봉암사에 다가갔다.	II, 221